इब्ने इंशा

जन्म : सन् 1927 का कोई महीना।

जन्म-स्थान : लुधियाना (पंजाब)। प्रारम्भिक शिक्षा लुधियाना में ही। बाद में पाकिस्तान बनने के बाद 'पाकिस्तानी' बनना पड़ा। 1949 में करांची आ बसे। वहीं उर्दू कॉलेज से बी.ए. किया।

माँ-बाप का दिया नाम शेर मोहम्मद खाँ, लेकिन कमसिनी में ही स्वयं को इब्ने इंशा कहना और लिखना शुरू कर दिया और अन्ततः यही नाम असली हुआ।

उर्दू के प्रख्यात कवि और व्यंग्यकार। लहजे में मीर की खस्तगी और नजशीर की फ़कीरी। आजीवन दुनिया-भर में घूमते रहे। समाज के सुख-दुख से गहरा रिश्ता रखते हुए मनुष्य की स्वाधीनता और स्वाभिमान के प्रबल पक्षधर रचनाकार। हिन्दी भाषा के अच्छे जानकार थे। उर्दू-रचनाओं में हिंदी में ख़ूबसूरत प्रयोगों की भरमार है। हिन्दी-ज्ञान के बल पर ही शुरू में ऑल इंडिया रेडियो पर काम किया। बाद में क़ौमी किताब घर के निदेशक, इंग्लैंड स्थित पाकिस्तानी दूतावास में सांस्कृतिक मंत्री और फिर पाकिस्तान में यूनेस्को के प्रतिनिधि रहे।

प्रमुख पुस्तकें : उर्दू की आखिरी किताब (व्यंग्य-संग्रह); चाँदनगर, इस बस्ती के इस कूचे में (कविता-संग्रह); बिल्लू का बस्ता, यह बच्चा किसका बच्चा है (बाल कविताएँ)।

11 जनवरी, 1978 को लंदन में कैंसर से मृत्यु।

इब्ने इंशा

उर्दू की आख़िरी किताब
यानी
जदीद उर्दू रीडर

लिप्यंतरण एवं संपादन
अब्दुल बिस्मिल्लाह

राजकमल पेपरबैक्स

राजकमल पेपरबैक्स में
पहला संस्करण : 1988
बारहवाँ संस्करण : 2025

राजकमल पेपरबैक्स : उत्कृष्ट साहित्य के जनसुलभ संस्करण

राजकमल प्रकाशन प्रा.लि.
1-बी, नेताजी सुभाष मार्ग, दरियागंज
नई दिल्ली-110 002
द्वारा प्रकाशित

शाखाएँ : अशोक राजपथ, साइंस कॉलेज के सामने, पटना-800 006
पहली मंजिल, दरबारी बिल्डिंग, महात्मा गांधी मार्ग, प्रयागराज-211 001
1, अनमोल सोराबजी संतुक लेन, धोबी तलाव, मरीन लाइंस, मुम्बई-400 002

वेबसाइट : www.rajkamalprakashan.com
ई-मेल : info@rajkamalprakashan.com

बी.के. ऑफसेट
नवीन शाहदरा, दिल्ली-110 032
द्वारा मुद्रित

मूल्य : ₹250

URDU KI AAKHIRI KITAB
Satires by Ibne Insha

ISBN : 978-81-267-0045-5

भूमिका

'उर्दू की आख़िरी किताब' निश्चय ही व्यंग्य-विधा में अपने ढंग की पहली और आख़िरी किताब है। यह किताब पाठ्यपुस्तक-शैली में लिखी गयी है और इसमें भूगोल, इतिहास, व्याकरण, गणित, विज्ञान आदि विभिन्न विषयों पर व्यंग्यात्मक पाठ तथा प्रश्नावलियाँ दी गयी हैं। इस 'आख़िरी किताब' जुम्ले में भी व्यंग्य है, कि छात्रों को जिससे विद्यारम्भ कराया जाता है वह प्रायः 'पहली किताब' होती है, यह आख़िरी किताब है। इंशाजी का व्यंग्य यहाँ से शुरू होता है और शब्द-ब-शब्द तीव्र होता चला जाता है।

उर्दू में तंज़निगारी के जो बेहतरीन उदाहरण मौजूद हैं, उनमें अकबर इलाहाबादी की शायरी का कोई जवाब नहीं। गद्य में व्यंग्यलेखन की स्थिति यह है कि पाकिस्तान में मुश्ताक़ अहमद यूसुफ़ी, मो. ख़ालिद अख़्तर और रशीद अहमद सिद्दीक़ी का अपना विशिष्ट महत्त्व है। भारत में यह महत्त्व फ़िक्र तौंसवी और मुज़्तबा हुसैन को प्राप्त है। लेकिन इब्ने इंशा का जो अंदाज़ है वह इन सभी व्यंग्यकारों से अलहदा और प्रभाव में कहीं ज़्यादा गहरा, कहीं ज़्यादा तीक्ष्ण है। इसका कारण है उनकी यथार्थपरकता, उनकी स्वाभाविकता और उनकी बेतकल्लुफ़ी।

दरअस्ल व्यंग्य को प्रायः हास्य के साथ जोड़ दिया जाता है, इसलिए उसकी शक्ति क्षीण हो जाती है। इंशाजी ने इससे परहेज़ किया है। उनके व्यंग्य को पढ़ते हुए पाठक को हँसी आ जाये तो आये, पर लेखक का उद्देश्य यह नहीं है; वह तो कहीं गहराई में जाकर मार कर रहा है। उस मार का बोध जिसे हो जायेगा, वह तिलमिलाकर रह जायेगा।

अपनी कविताओं में जो इंशा बहुत कोमल दिखायी पड़ते हैं, व्यंग्य में वही तुर्श हैं। ज़ाहिर है कि यह तुर्शी अकारण नहीं है। इसके पीछे एक पूरी चिन्तन दृष्टि है।

इंशा के व्यंग्य में जिन चीजों को लेकर चिढ़ दिखायी पडती है वे छोटी-मोटी चीज़ें नहीं हैं। मसलन – विभाजन, हिन्दुस्तान और पाकिस्तान की अवधारणा, कायदे आज़म जिन्ना, मुस्लिम बादशाहों का शासन, आजादी का छद्म, शिक्षा-व्यवस्था, थोथी नैतिकता, भ्रष्ट राजनीति आदि। और अपनी सारी चिढ़ को वे बहुत गहन-गम्भीर ढंग से व्यंग्य में ढालते हैं – इस तरह कि पाठक को लज़्ज़त भी मिले और लेखक की चिढ़ में वह खुद को शामिल भी महसूस करे। इंशाजी की इस कलाकारी के कुछ नमूने देखने लायक हैं। देखिए –

1. हमने इस किताब में कोई नयी बात नहीं लिखी। वैसे तो आजकल किसी भी किताब में कोई नयी बात लिखने का रिवाज नहीं है।

2. आज़ादी से पहले हिन्दू बनिये और सरमायादार हमें लूटा करते थे। हमारी ख्वाहिश थी कि यह सिलसिला ख़त्म हो और हमें मुसलमान बनिये और सेठ लूटें।

3. तुम अनपढ़ रहकर अकबर बनना पसन्द करोगे या पढ़-लिखकर उसका नवरत्न ?

4. उसके (औरंगज़ेब के) सब भाई नालायक़ थे, जैसे कि हर बादशाह के भाई होते हैं। नालायक़ न हों तो खुद पहल करके बादशाह को कत्ल न कर दें ?

5. दूध देनेवाले जानवरों में पालने के लिए सबसे अच्छा यही (यानी आदमी) है।

इन वाक्यों में 'विट' का जो सहज सौन्दर्य है, वह इब्ने इंशा का एकदम निजी गुण है। हिन्दी में यह सौन्दर्य हरिशंकर परसाई के यहाँ दिखायी पड़ता है।

इंशा ने यत्र-तत्र भाषा के कमाल भी दिखाये हैं और श्लेष का सहारा लेकर दुगना व्यंग्य पैदा किया है। जैसे एक शब्द है 'फ़ेल'। व्याकरण में इसका अर्थ है 'काल' और सामान्यतः 'कर्म'। इंशाजी ने 'फ़ेले माज़ी' यानी 'भूतकाल' वग़ैरह का विवेचन करते हुए लिखा है कि 'फ़ेल' की दो किस्में और होती हैं : जायज़ फ़ेल और नाजायज़ फ़ेल। इस तरह के और उदाहरण भी हैं।

इसीलिए इस किताब का अनुवाद न करके सिर्फ लिप्यंतरण किया गया है, ताकि भाषिक व्यंग्य का सौन्दर्य बाधित न हो और पाठक इंशाजी के मूल बोध के साथ सीधे-सीधे जुड़ सकें।

इस लिप्यंतरण की पाण्डुलिपि तैयार करने में मेरे प्रिय शिष्य ऐनुल हसन ने जो सहयोग किया है, उसके लिए मैं उनका आभारी हूँ।

अब्दुल बिस्मिल्लाह

क्रम

हवाला छठी मोरखा[1] 14.6.1971

मुहतरमी,

तस्लीम !

आपकी जदीद[2] उर्दू रीडर पर गहरा ग़ौर व ख़ोज़[3] किया गया। हमारी राय में यह तुलबा[4] को बाक़ी 566 दरसी कुतुब[5] से बेनेयाज़ करने की एक ख़तरनाक कोशिश है।

ख़दशा[6] है कि इसे पढ़कर उस्ताद तालिब-इल्म[7] और तालिब-इल्म उस्ताद बन जायेंगे।

लिहाज़ा टैस्ट बुक बोर्ड इसे नामंजूर करने में मसर्रत[8] का इज़हार करता है।

नेयाज़मन्द

मीर नसीम महमूद *

चेयर मैन

इब्ने इंशा साहब

*यह ख़त स्वयं इंशाजी का लिखा हुआ है।

1. तिथि 2. आधुनिक 3. विचार-विमर्श 4. विद्यार्थियों 5. पाठ्य पुस्तकों 6. आशंका 7. विद्यार्थी 8. खुशी

बाइसे-तहरीर आं कि[1]

ये किताब हमने लिख तो ली लेकिन जब छपाने का इरादा हुआ तो लोगों ने कहा, ऐसा न हो कि ये कोर्स में लग जाये। टैस्टबुक-बोर्डवाले इसे मंजूर कर लें और अज़ीज़ तालिब इल्मों (विद्यार्थियों) का ख़ूनेनाहक़ हमारे हिसाब में लिखा जाये, जिनसे अब मलका-ए-नूरजहाँ के हालात पूछे जायें तो मलका-ए-तरन्नुम नूरजहाँ के हालात बताते हैं। हमने इम्तहानन इस किताब का मसविदा टैस्टबुक-बोर्ड के चेयरमैन मीर नसीम महमूद साहब को भिजवा दिया। और जैसाकि आपने मुलाहज़ा फ़रमाया होगा, उन्होंने गहरा ग़ौरोखोज़ करने के बाद उसे नामंज़ूर कर दिया। मीर साहब कोई बात ग़लत करें या सही इससे पहले गहरा ग़ौरो-खोज़ ज़रूर करते हैं। एक साहब किसी काम से टैक्स्ट बोर्ड गये, वहाँ अपने पसंदीदा फ़िल्मी नग़मात की कापी भूल आये। बोर्ड ने उसी को मंजूर करके प्रायमरी के निसाब (कोर्स) में दाखिल कर दिया।

हम मोहकमा-ए-तालीम (शिक्षा विभाग) के भी ममनून[2] हैं, जिन्होंने स्कूलों को सरकुलर भेजकर हिदायत की है कि इस किताब को न खरीदा जाये। चुनांचे हमें हर रोज स्कूल-लायब्रेरियों की तरफ़ से बेशुमार आर्डर मौसूल हो रहे हैं कि किताब हमें न भेजी जाये, इतने कि हमारे लिए उनकी तामील करना दुश्वार हो रहा है।

हमने इस किताब में कोई नयी बात नहीं लिखी। वैसे तो आजकल किसी भी किताब में कोई नयी बात लिखने का रिवाज नहीं है। लेकिन हमने बिलखुसूस वही कुछ लिखा है जो बरसों पहले पढ़ा था। इतना कि ये दिन हंगामों के थे। सदरे अय्यूब गये,

---

1. लिखने की वजह यह है कि 2. कृतज्ञ

जलसे-जुलूस आये, जम्हूरियत, सोशलिज्म, फतवे और इलेक्शन के गलगले बलन्द हुए। इस शोर में तारीख़[3], जोगराफिया[4] हिसाब[5], ग्रामर सभी एसबाक[6] में कुछ-न-कुछ गड़बड़ हो गया। तारीख़े-हिन्द[7] में नये पुराने बादशाह बाहम खल्त-मल्त हो गये। अकबर के नवरत्नों में भी रद्दोबदल हो गया। हत्ता कि मनाज़रे-कुदरत[8] और सितारों वग़ैरह का अहवाल लिखते हुए भी हमारी नज़रें आसमान से ज़मीन में रहीं। बाज़ बादशाहों का अहवाल हमें औलिया अल्लाह के बाब[9] में लिखना था। लेकिन बादशाहों में लिख गये। इसमें हमारी नीयत का कुसूर नहीं। तारीख़ी वाकेआत का कसूर है। पढ़ते हुए यह मलहूज़ रखा जाये कि ये किताब सिर्फ बालिगों के लिए – जहनी बालिगों के लिए मगमूर नाबालिगों के लिए नहीं।

– **इब्ने इंशा**

---

3. इतिहास 4. भूगोल 5. गणित 6. विषयों 7. भारत का इतिहास 8. प्राकृतिक दृश्यों 9. अध्याय

उर्दू की आख़िरी किताब

एक दुआ

"या अल्लाह ! खाने को रोटी दे। पहनने को कपड़े दे। रहने को मकान दे। इज़्ज़त और आसूदगी की ज़िन्दगी दे।"

"मियाँ ये भी कोई माँगने की चीज़ें हैं ? कुछ और माँगा करो।"

"बाबाजी ! आप क्या माँगते हैं ?"

"मैं ? मैं ये चीज़ें नहीं माँगता। मैं तो कहता हूँ, अल्लाह मियाँ मुझे ईमान दे, नेक अमल की तौफ़ीक दे।"

"बाबाजी, आप ठीक दुआ माँगते हैं। इन्सान वही चीज़ तो माँगता है जो उसके पास नहीं होती।"

हमारा मुल्क

"ईरान में कौन रहता है ?"
"ईरान में ईरानी क़ौम रहती है।"
"इंगलिस्तान में कौन रहता है ?"
"इंगलिस्तान में अंग्रेज़ी क़ौम रहती है।"
"फ्रांस में कौन रहता है ?"
"फ्रांस में फ्रांसीसी क़ौम रहती है।"

"ये कौन-सा मुल्क है ?"

"ये पाकिस्तान है।"

"इसमें पाकिस्तानी क़ौम रहती होगी ?"

"नहीं, इसमें पाकिस्तानी क़ौम नहीं रहती है। इसमें सिन्धी क़ौम रहती है। इसमें पंजाबी क़ौम रहती है। इसमें बंगाली क़ौम रहती है। इसमें यह क़ौम रहती है। इसमें वह क़ौम रहती है।"

"लेकिन पंजाबी तो हिन्दुस्तान में भी रहते हैं। सिन्धी तो हिन्दुस्तान में भी रहते हैं। फिर ये अलग मुल्क क्यों बनाया था ?"

"ग़ल्ती हुई, माफ़ कर दीजिए, आइन्दा नहीं बनायेंगे !"

हमारा तुम्हारा खुदा बादशाह

किसी मुल्क में एक था बादशाह। बड़ा दानिशमन्द, मेहरबान और इंसाफ़पसन्द। उसके ज़माने में मुल्क ने बहुत तरक्की की और रिआया उसको बहुत पसन्द करती थी। इस बात की शहादत न सिर्फ़ उस ज़माने के मोहकमा-ए-इत्तलाआत (सूचना विभाग) के किताबचों और प्रैस नोटों से मिलती है, बल्कि बादशाह की ख़ुदनविश्त सवा नेह उमरी (आत्मचरित) से भी।

शाह जमजाह (ईरान का बादशाह) के ज़माने में हर तरफ़ आज़ादी का दौर-दौरा था। लोग आज़ाद थे और अख़बार आज़ाद थे। कि जो चाहें कहें जो चाहें लिखें। बशर्ते कि वह बादशाह की तारीफ़ में हो, ख़िलाफ़ न हो।

उस बादशाह का ज़माना तरक़्क़ी और फतूहात (विजयों) के लिए मशहूर है। हर तरफ़ खुशहाली-ही-खुशहाली नज़र आती थी। कहीं तिल धरने की जगह बाकी न थी। जो लोग लखपती थे, देखते-ही-देखते करोड़पती हो गये। हुस्ने- इन्तज़ाम ऐसा था कि अमीर लोग सोना उछालते-उछालते मुल्क के इस सिरे से उस सिरे तक – बाज़ अवकात-बैरून मुल्क (विदेश) भी चले जाते थे। किसी की मजाल न थी कि पूछे, इतना सोना कहाँ से आया और कहाँ ले जा रहे हो ? रूहानियत से शगफ था। कई दरवेश उसे

हवाई अड्डे पर लेने-छोड़ने जाते या उसकी कामरानी के लिए चिल्ले काटते थे। तबीयत में अफ़ू और दरगुज़र का माद्दा अज़हद था। अगर कोई शिकायत करता था कि फ़लाँ शख़्स ने मेरी फ़लाँ जायदाद हथिया ली है या फ़लाँ कारखाने पर कब्ज़ा कर लिया है तो मुजरिम ख़्वाह वो बादशाह का कितना करीबी अज़ीज़ क्यों न हो, वो कमाले सेर-चश्मी से उसे माफ कर देते थे, बल्कि शिकायत करनेवाले पर ख़फ़ा होते थे कि ऐबजोई बुरी बात है।

जब बादशाह का दिल हुकूमत से भर गया तो वह अपनी चैक बुकें लेकर तारिके दुनिया हो गया और पहाड़ों की तरफ निकल गया। कुछ लोग कहते है कि आज भी ज़िन्दा है। वल्लाह आलम बिस्सवाब।

बरकाते हुकूमते ग़ैर इंगलिशिया

अज़ीज़ो ! बहुत दिन पहले इस मुल्क में अंग्रेज़ों की हुकूमत होती थी। और दरसी किताबों में एक मज़मून 'बरकाते हुकूमते इंगलिशिया'[1] के उनवान से शामिल रहता था। आज हम आज़ाद हैं। उस ज़माने के मुसन्निफ़ हुकूमते इंगलिशिया की तारीफ़ें करता था, क्योंकि इसके सिवा चारा न था। हम अपने अहेद की आज़ाद और कौमी हुकूमतों की तारीफ़ करेंगे। इसकी वजह भी ज़ाहिर है।

अज़ीज़ो ! अंग्रेज़ों ने कुछ अच्छे काम भी किये। लेकिन उनके ज़माने में खराबियाँ बहुत थीं। जो उनके हुकूमत के खिलाफ़ बोलता था या लिखता था उसको जेल भेज देते थे ! रिशवतसतानी (घूसखोरी) आम थी, आजकल नहीं है। दुकान्दार चीज़ें महँगी बेचते थे और मिलावट भी करते थे, आजकल कोई महँगी नहीं बेचता और मिलावट भी नहीं करता। अंग्रेज़ों के ज़माने में अमीर और जागीरदार ऐश करते थे। गरीबों को कोई पूछता भी नहीं था। आज अमीर लोग ऐश नहीं करते और ग़रीबों को हर कोई इतना पूछता है कि वे तंग आ जाते है। खुसूसन रायदेहन्दग़ी बालेग़ान के बाद से[2] तालीम और सनअत व हिरफत[3] को लीजिए। रुबा[4] सदी के मुख्तसर से अरसे में

1. गैर अंग्रेज़ी राज के गुण 2. विशेषकर बालिगों को वोट देने का अधिकार प्राप्त होने के बाद से 3. व्यापार व पेशा 4. चौथाई

हमारी शरह-ख्वान्दगी[5] अठारह फ़ीसद हो गई है ! ग़ैर मुल्की हुकूमत के ज़माने में ऐसा हो सकता था ?

अंग्रेज़ शुरू-शुरू में हमारे दस्तकारों के अँगूठे काट देते थे। आज कारखानों के मालिक हमारे अपने लोग हैं, दस्तकारों के अँगूठे नहीं काटते। हाँ, कभी-कभी पूरे दस्तकार को काट देते हैं।

आज़ादी से पहले हिन्दू बनिये और सरमायादार हमें लूटा करते थे। हमारी ख्वाहिश थी कि यह सिलसिला ख़त्म हो और हमें मुसलमान बनिये और सेठ लूटें। अलहमदुलिल्लाह ! कि यह आरज़ू पूरी हुई। जब से हुकूमत हमारे हाथ में आयी है हमने हर शोबा में बहुत तरक्क़ी की है। दर-आमद-बर आमद भी बहुत बढ़ गयी है। हमारी ख़ास बरामदात[6] दो हैं—उफ़ूद[7] और ज़रे-मबादला[8] ! दरामदात[9] हम घटाते जा रहे हैं। एक ज़माने में तो खारिजा-पालिसी[10] तक बाहर से दर-आमद करते थे। अब यहाँ बनने लगी है।

एक सबक़ जुगराफ़िये का

जुगराफ़िया[1] में सबसे पहले यह बताया जाता है कि दुनिया गोल है। एक ज़माने में बेशक यह चपटी होती थी, फिर गोल करार पायी गयी। गोल होने का फ़ायदा यह है कि लोग मशरिक[2] की तरफ़ से जाते हैं, मग़रिब[3] की तरफ़ जा निकलते हैं। कोई उनको पकड़ नहीं सकता। स्मगलरों, मुज़रिमों और सेयासतदानों के लिए बड़ी आसानी हो गयी है।

हिटलर ने ज़मीन को दोबारा चपटा करने की कोशिश की थी लेकिन वह कामयाब नहीं हुआ।

पुराने ज़माने में ज़मीन गुल मुहम्मद[4] की तरह साकिन[5] होती थी। सूरज और आसमान वग़ैरह उसके गिर्द घूमा करते थे। शायर कहता है, 'रात दिन गर्दिश में है,

5. शिक्षा 6. निर्यात 7. यात्री 8. विदेशी मुद्रा 9. आयात 10. विदेश नीति

1 भूगोल 2. पूर्व 3. पश्चिम 4. गुल मोहम्मद शाह, कश्मीर के भू. पू. मुख्यमन्त्री 5. स्थिर

सात आसमान।' फिर गैलीलियो नामी एक शख्स आया और उसने ज़मीन को सूरज के गिर्द घुमाना शुरू कर दिया। पादरी बहुत नाराज़ हुए कि यह हमको किस चक्कर में डाल दिया है। गैलीलियो को तो उन्होंने सज़ा देकर आइन्दा इस किस्म की हरकात से रोक दिया, ज़मीन को अलबत्ता नहीं रोक सके, बराबर हरकत किये जा रही थी।

शुरू में दुनिया में थोड़े ही मुल्क थे। लोग ख़ासी अमन-चैन की ज़िन्दगी बसर करते थे। पन्द्रहवीं सदी में कोलम्बस ने अमरीका दरयाफ़्त[6] किया। उसके बारे में दो नज़रिये हैं – कुछ लोग कहते हैं कि उसका कसूर नहीं, वह हिन्दोस्तान को यानी हमको दरयाफ़्त करना चाहता था, मगर गलती से अमरीका को दरयाफ़्त कर बैठा। इस नज़रिये को इस बात से तक़वियत[7] मिलती है कि हम अभी तक दरयाफ़्त नहीं हो पाये।

दूसरा फरीक़ कहता है कि नहीं, कोलम्बस ने जानबूझकर यह हरकत की, यानी अमरीका दरयाफ़्त किया। बहरहाल अगर ये ग़लती भी थी तो बहुत संगीन ग़लती थी। कोलम्बस तो मर गया, उसका ख़मियाज़ा हम लोग भुगत रहे हैं।

पाकिस्तान

हदूदे अरबा[1]: पाकिस्तान के मशरिक में सीटो है मग़रिब में सन्टो है, शुमाल[2] में ताशकन्द और जुनूब[3] में पानी। यानी जायेमफ़र[4] किसी तरफ़ नहीं है?

पाकिस्तान के दो हिस्से हैं – मशरिकी पाकिस्तान और मग़रिबी पाकिस्तान। ये एक-दूसरे से बड़े फासले पर हैं। कितने बड़े फासले पर, इसका अन्दाज़ा आज हो रहा है। दोनों का अपना-अपना हद्दे अरबा भी है।

मग़रिबी पाकिस्तान के शुमाल में पंजाब, जुनूब में सिन्ध, मशरिक में हिन्दुस्तान और मग़रिब में सरहद और बलूचिस्तान हैं। मियाँ ! पाकिस्तान खुद कहाँ वाक़ा[5] है? और वाक़ा है भी कि नहीं ; इस पर आजकल रिसर्च हो रही है।

मशरिकी पाकिस्तान के चारों तरफ़ आजकल मशरिकी पाकिस्तान ही है।

---

6. आविष्कृत 7. बल

1. चौहद्दी 2. उत्तर 3. दक्षिण 4. भागने की जगह 5. स्थित

भारत

ये भारत है। गाँधीजी यहीं पैदा हुए थे। यहाँ उनकी बड़ी इ़ज़्ज़त होती थी। उनको महात्मा कहते थे। चुनांचे मारकर उनकी यहीं दफन कर दिया और समाधि बना दी। दूसरे मुल्कों के बड़े लोग आते हैं तो इस पर फूल चढ़ाते हैं। अगर गाँधीजी न मारे जाते तो पूरे हिन्दुस्तान में अक़ीदतमन्दों (श्रद्धालुओं) के लिए फूल चढ़ाने के लिए कोई जगह न थी। यह मसला हमारे यानी पाकिस्तानवालों के लिए भी था। हमें क़ायदे आज़म [1]का ममनून [2]होना चाहिए कि खुद ही मर गये और सेफारती [3]नुमाइन्दों की फूल चढ़ाने की एक जगह पैदा कर दी। वरना शायद हमें भी उनको मारना ही पड़ता।

भारत का मुकद्दस (पवित्र) जानवर गाय है। भारतीय उसी का दूध पीते हैं, उसी के गोबर से चौका लीपते हैं। लेकिन आदमी को भारत में मुक़द्दस जानवर नहीं गिना जाता।

---

1. जिन्ना साहब 2. कृतज्ञ 3. पर्यटक

तारीख़

[इतिहास]

तारीख़ के चन्द दौर

राहों में पत्थर।
जलसों में पत्थर।
सीनों में पत्थर।
अक़्लों में पत्थर।
आस्तानों में पत्थर।
दीवानों में पत्थर।
पत्थर ही पत्थर।
यह ज़माना पत्थर का ज़माना कहलाता है।

देगें ही देगें।
चमचे ही चमचे।
सिक्के ही सिक्के।
सोना ही सोना।
पैसे ही पैसे।
चाँदी ही चाँदी।
यह ज़माना धातु का ज़माना कहलाता है।

एक और ज़माना है आयरन एज़।
यानी लोहे का ज़माना।
लोहा वह धातु है,
जिसका सब लोहा मानते हैं।
हल का फल भी लोहा।
कारखाने की कल भी लोहा।
लोहा मक़नातीस[1] बन जाता है
तो चाँदी तक को खींच लेता है।
सौ सुनार की, एक लुहार की।
सोने वाले लोहे वालों से डरते हैं।
लेकिन कोई कहाँ तक रुकवायेगा।
हमारे यहाँ भी लोहे का ज़माना आयेगा।
कच्चा लोहा और किसी काम का नहीं
बस उससे आदमी बनाते हैं।
जो मरदे-आहन (लौह पुरुष) कहलाते हैं।
उनको ज़ंग लग जाता है,
बल्कि खा जाता है।
फिर भी लोग घूरे पर से उठा लाते हैं।
ज़िन्दाबाद के नारे से जलाते हैं।

ये और दौर है।
लोग नंगे घूमते हैं।
नंगे नाचते हैं।
नंगे क्लबों में जाते हैं।
एक-दूसरे को जलसों में नंगा करते हैं।
अवाम तक के कपड़े उतार लेते हैं।
बल्कि खाल खींच लेते हैं।

---

1. चुम्बक

खालों से ज़रे-मबादला[2] कमाते हैं।
गोश्त कच्चा खा जाते हैं।
न चूल्हा है न सींख है।
ये ज़माना कब्ल-अज़तारीख़[3] है।

मिलावट की सनअत[4] ।
रिशवत की सनअत।
कोठी की सनअत।
पकौड़ी की सनअत।
हलवे की सनअत।
मांडे की सनअत।
बयानों और नारों की सनअत।
तावीज़ों की और गण्डों की सनअत।
ये हमारे यहाँ का सनअती दौर है।

कागज़ के कपड़े।
कागज़ के मकान।
कागज़ के आदमी।
कागज़ के जंगल।
कागज़ के शेर।
ज़रा नम हो तो सब के सब ढेर।
कागज़ के नोट।
कागज़ के ओट।
कागज़ का ईमान।
कागज़ के मुसलमान।
कागज़ के अख़बार।

---

2. विदेशी मुद्रा 3. प्राचीन-इतिहास काल 4. व्यापार

और काग़ज़ के ही कालमनिगार।
ये सारा काग़ज़ का दौर है।
अब इस आख़िरी दौर को देखिये।
पेट रोटी से खाली।
जेब पैसे से खाली।
बातें बसीरत[5] से खाली।
वादे हक़ीकत से खाली।
दिल दर्द से खाली।
दिमाग़ अक्ल से खाली।
शहर फ़रज़ानों[6] से खाली।
ज़ंगल दीवानों से खाली।
ये खलाई दौर (अन्तरिक्ष युग) है।
लोग तो 'हम' के गुब्बारे फुलाते हैं।
माजूने-फलक सैर[7] खाते हैं।
रुयते हिलाल-कमेटियाँ[8] बनाते हैं।
आसमान के तारे तोड़ लाते हैं।
डटकर दुम्बे[9] नोश[10] फरमाते हैं।
बैतुलख़ला में मदार[11] पर पहुँच जाते हैं।
यह – हमारे यहाँ का खलाई दौर यही है।

---

5. समझदारी 6. बुद्धिमानों 7. छक्कर 8. चन्द्र-दर्शन को प्रनाणित करनेवाली कमेटी 9. भेड़ 10. खाते
11. केन्द्र

रामायन और महाभारत

रामायन

रामायन रामचन्द्रजी की कहानी है। ये राजा दसरथ के प्रिंस ऑफ वेल्स थे। लेकिन उनकी सौतेली माँ कैकेयी अपने बेटे भरत को राजा बनाना चाहती थी। उसके बहकाने पर राजा दसरथ ने रामचन्द्रजी को चौदह बरस के लिए घर से निकाल दिया। उनकी रानी सीता और उनके भाई लक्षमन भी साथ हो लिये। बनवास के लिए निकलते वक्त रामचन्द्रजी के पास कुछ न था, बस एक खड़ाऊँ थी ;वह भी भरत ने रखवा ली, कि आपकी निशानी हमारे पास रहनी चाहिए। उस खड़ाऊँ को वह तख़्त के पास, बल्कि ऊपर रखता था। ताकि रामचन्द्रजी का कोई आदमी चुराकर न ले जाय।

जंगल में रहने की वजह से उन्हें दिन गुज़ारने में चन्दां (थोड़ी भी) तक़लीफ न होती थी। रामजी तो आख़िर रामजी थे, ज़्यादा काम लक्षमन यानी बिरादरे-खुद (उनके भाई) किया करते थे।

ये लोग गिन-गिनकर दिन गुज़ार रहे थे कि कब चौदह वर्ष पूरे हों और कब ये वापस जाकर राजपाट सँभालें और रिआया की बेलौस ख़िदमत करें।

एक रोज़ जब कि राम और लक्षमन दोनों शिकार पर गये हुए थे, लंका का राजा रावन आया और सीताजी को उठाकर ले गया। इस पर रामचन्द्रजी और रावन में लड़ाई हुई। घमसान का रन पड़ा, जैसा कि दशहरे के त्योहार में आपने देखा होगा।

हनुमानजी और उनके बन्दरों ने रामचन्द्रजी का साथ दिया और वे रावन और

उसके राक्षसों को मारकर जीत गये। पुराने ख़्याल के हिन्दू इसीलिए बन्दरों की इतनी इज़्ज़त करते हैं और उनको इन्सानों पर तरजीह (प्रतिष्ठा) देते हैं।

महाभारत

महाभारत कौरवों और पाण्डवों की लड़ाई की दास्तान है। कौरव तो जैसा कि नाम से ही ज़ाहिर है, बड़े कोर चश्म (अन्धे) थे। हाँ, पाण्डव अच्छे थे। इतना ज़रूर है कि कभी-कभी जुआ खेल लेते थे। जुए में बेईमानी कभी न करते थे और जीता हुआ माल कभी न छोड़ते थे। एक फ़िल्म 'महाभारत' के नाम से बन चुकी है। उसके डायरेक्टर, ऐक्टर और ऐक्ट्रसों के नाम से हम वाक़िफ नहीं, लिहाज़ा इस बारे में ज़्यादा कुछ नहीं कह सकते।

महाभारत के ज़माने में शादी में ऐसी मुश्किलात न होती थीं जैसी आजकल होती हैं, कि लड़के का हसब व नसब, (नस्ल एवं वंश) जायदाद और तालीम वग़ैरह पूछते हैं। हत्ता के ज़रिया-ए-रोज़गार भी। पंजाबी, यू. पी. का सवाल भी उठता है और शिया-सुन्नी की देखा-परखी भी होती है। महाभारत के सुनहरे ज़माने में लोग स्वयंवर रचाते थे। जो भी शख़्स नीचे तेल के कुण्ड में अक्स पर नज़र जमाये ऊपर घूमती मछली की आँख में तीर का निशाना लगाता था उसके सर अपनी लड़की को मढ़ देते थे। द्रौपदी के स्वयंवर में अर्जुन ने तीर मारा था, जो घूमती मछली की आँख में सीधा लगा। यह हुस्नोइत्तेफ़ाक था। वरना तो ऐसे करतब के लिए माहिर बाज़ीगर या नट होना ज़रूरी है। हम-आप नहीं लगा सकते।

कौरव और पाण्डवों में लड़ाई क्यों हुई थी ? लड़ाई के लिए वजह का होना ज़रूरी भी नहीं। अब कुछ आँखों देखा हाल उस लड़ाई का सुनिये-

ख़वातीन व हज़रात (स्त्रियो और पुरुषो) ! यह कुरुक्षेत्र का मैदान है, जो तहसील कन्हेल ज़िला करनाल में वाका है। लड़ाई अब शुरू होने वाली है। कौरव एक तरफ है, पाण्डव दूसरी तरफ़ हैं। यह होना भी चाहिए। उनके अलावा भी कुछ लोग मैदान में नज़र आ रहे हैं। ये द्रोनाचार्य हैं। दोनों फ़रीकों के बुज़ुर्ग हैं। अपना लश्कर कौरवों को दे रखा है, आशीर्वाद पाण्डवों को दे रखा है। पाण्डवों का मुतालबा (इच्छा)था

कि आशीर्वाद कौरवों को दे दें, लशकर हमें दे दें। लेकिन आचार्यजी नहीं माने।

ये कौन हैं ?

ये कृष्नजी हैं। मशहूर अफ़साना निगार कृष्न (कहानीकार कृश्नचन्दर) नहीं ! न महाशय कृष्न, बल्कि और साहब हैं ! कृष्न भगवान। अभी-अभी मक्खन खाकर मैदान में आ रहे हैं। मक्खन अभी तक होंठों पर लगा है। बैठे गीता लिख रहे हैं। अर्जुन को उपदेश दे रहे हैं। याद रहे कि कौरव और पाण्डव एक-दूसरे के कज़िन हैं।

ऐ लो··· खाण्डे से खाण्डा बजने लगा। रथ से रथ टकराने लगा। यह लड़ाई तो लम्बी चलती मालूम होती है, लिहाज़ा अब हम वापस स्टूडियो चलते हैं।

सवालात

1. अर्जुन ने घूमती मछली की आँख में तीर मारने के अलावा भी कभी कोई तीर मारा था ?
2. भारत और पाकिस्तान की जंग, सितम्बर 1965 ई. का द्रोनाचार्य कौन था ?
3. "कौरव और पाण्डव एक ही थैली के चट्टे-बट्टे थे" इस मौज़ूँ पर जवाबे मज़मून लिखो। ज़्यादा-से-ज़्यादा दस अलफाज़ में हो जाना चाहिए।

सिकन्दर-ए-आज़म

यह बादशाह, जो पंजाब के एक साबिक (भूतपूर्व) वज़ीर-ए-आज़म और पाकिस्तान के एक साबिक सद्र का हमनाम था, मकदूनिया के बादशाह फीलकोस का बेटा था। बाप के मरने के बाद गद्दी पर बैठा। जो उसकी सआदतमन्दी की दलील थी। बाप की ज़िन्दगी में बैठ जाता तो बाप क्या कर लेता ? मोवर्रिख़ीन (इतिहासकारों) ने सिकन्दर की शुजाअत (वीरता) और दूसरी सलाहियतों की बेहद तारीफ़ की। मशहूर मोवर्रिख़ सोहराब मोदी भी अपनी एक फिल्म-स्क्रिप्ट में लिखते हैं कि सिकन्दर एक अच्छा बादशाह था।

सिकन्दर यूनान से फ़ौज लेकर निकला और ईरान पहुँचा। यहाँ पहुँचते ही उसने दारा को मारा और फिर उसने हिन्दुस्तान की राह ली। जेहलम के करीब उसकी मुठभेड़ राजा पोरस से हुई। उस ज़माने में राजाओं के नाम बड़े रौशन और छोटे होते थे। जितनी

बड़ी राजा पोरस की सल्तनत थी उतनी बड़ी-बड़ी तो पंजाब के कई जमींदारों की जागीरें हैं।

खैर··· लड़ाई हुई। चूंकि लड़ाई में एक फ़रीक को हारना ज़रूरी होता है और सिकन्दर की हैसियत एक तरह से मेहमान की थी, लिहाज़ा पोरस हार गया। पकड़ा गया और सिकन्दर के सामने पेश किया गया। सिकन्दर ने दुआ-सलाम, राजी-बाज़ी और भलो-चंगो के बाद पूछा—

"ऐ राजा पोरस, बता तेरे से क्या सलूक किया जाये ?" पोरस ने कहा "ऐ सिकन्दर-ए-आज़म, हैफ कि तू इतना बड़ा बादशाह होकर ग़लत ज़बान बोलता है। यह 'तेरे से' कहाँ की बोली है ? ऐसा तो गँवार बोलते हैं। अब रहा सलूक का सवाल, भला ये भी क्या पूछने की बात है ? वह सलूक कर, जो बादशाह बादशाहों के साथ करता है।"

सिकन्दर नया-नया बादशाह हुआ था, उसे क्या मालूम था कि बादशाह लोग बादशाहों के साथ क्या सलूक करते हैं। उसने अपने दरबारी मोवर्रिख़ों से पूछा। उन्होंने मिसालें देकर जो कुछ बताया उसकी रौशनी में सिकन्दर ने खड़े-खड़े तलवार निकालकर पोरस की भुट्टा-सी गर्दन उड़ा दी। बाद में पोरस पछताया कि मैंने ऐसी अहमकाना फर्माइश क्यों की थी।

बाज़ तारीख़ों में यह वाकया और तरह आया है। लिखा है कि पोरस की बात सुन कर सिकन्दर बहुत खुश हुआ। शेखी में आ गया। उसने न सिर्फ़ पोरस की जान बख़्श दी बल्कि उसका इलाका भी उसे लौटा दिया। हो सकता है कि यही बात हुई हो। यह बात इतनी पुरानी है कि इस पर बहुत बहस करना फ़िज़ूल है। पोरस अगर उस वक़्त नहीं मरा तो बाद में मर गया।

वाज़ा (स्पष्ट) रहे कि बाद में सिकन्दर भी मर गया। जिसका पसमंजर निहायत ही अफ़सोसनाक है।

मुबीना तौर पर जनाबे ख़िज़िर ने सिकन्दर को कहा था कि चलो मेरे साथ आबे हयात के चश्मे पर दो घूँट पी लेना और अब्द (संसार के विनाशकाल) तक दुनिया-ए-फ़ानी में दनदनाना। लोगों के सीनोंपर मूँग दलना। वहाँ पहुँचकर ख़िज़िर साहब सारा पानी खुद पी गये और सिकन्दर को सूखा लौटा दिया।

जो किया ख़िज़िर ने सिकन्दर के साथ वही किया ख़िज़िर हयात ने सिकन्दर हयात

से। क्योंकि सिकन्दर हयात तो मुद्दत हुई लद गये। उस उम्र में, जो लदने की न थी। और ख़िज़िर हयात, जो उनके वज़ीर थे, साठे-पाठे अपनी जागीर पर बैठे हैं। सिकन्दर मिर्ज़ा मरहूम के ख़िज़िर भी ख़ुदा के फ़ज़ल से बकैदेहयात हैं और बख़ैरियत है। जिससे साबित हुआ कि आबे हयात में वाकई बड़ी तासीर है।

सवालात

1. सिकन्दर हयात, सिकन्दर मिर्ज़ा और सिकन्दर-ए-आज़म, में से कौन बड़ा फातेह है ?
2. पोरस कौन था ? क्या पोरस और महाराजा रनजीतसिंह के अलावा भी पंजाब में कभी कोई देशी हुकमरां हुआ है ?
3. हस्ब जैल [निम्नलिखित] में से किन्हीं तीन पर मज़मून लिखो।
   1. सिकन्दर, 2. ख़िज़िर, 3. सिकन्दर हयात, 4. ख़िज़िर हयात
4. फ़िल्म सिकन्दर-ए-अज़म में किस-किसने काम किया था ? उसका कोई गाना याद हो तो सुनाओ।

ख़ानदान-ए-ग़ज़नवी से ख़ानदान-ए-लोधी तक

सुल्तान महमूद ग़ज़नवी

यह ग़ज़नवी ख़ानदान का सबसे मशहूर बादशाह था। इसने हिन्दुस्तान पर 17 हमले किये। शुरू के हमलों में तो वह चन्द नागुजीर[1] वजूह[2] से वापस जाता रहा। आख़िर हिन्दुस्तान को फतेह कर ही लिया। उसने सोमनाथ का बुत भी तोड़ा जिसमें से ज़र व जवाहर का बहुत बड़ा ख़ज़ाना निकला।

लोग कहते हैं कि सोमनाथ को उसने सिर्फ़ अपना फ़र्ज़ समझते हुए तोड़ा, रुपये की लालच में नहीं। ताहम इतने ज़र और जवाहर उसने फेंक नहीं दिये। ऊँटों पर लदवा कर अपने साथ ग़ज़नी ले गया।

1. अपरिहार्य 2. कारणों

प्रकाशक

अयाज़ उसका गुलाम था। अल्लामा इकबाल से रवायत है कि जब ऐन लड़ाई में वक्तेनमाज़ ओता था तो ये दोनों यानी महमूद और अयाज़ एक स़फ में खड़े हो जाते थे, बाकी फौज लड़ती रहती।

महमूद पर इल्ज़ाम लगाया जाता है कि उसने फिरदौसी से शाहनामा लिखवाया और उसकी साठ हज़ार अशर्फियाँ नहीं दीं, बल्कि साठ हज़ार रुपये देकर टालना चाहा। यह इल्ज़ाम बेजा है। बेशक वादा तो अशर्फी फी शे'र ही आ गया था। लेकिन उस वक़्त गुमान न था कि फिरदौसी वाकई यह किताब लिखने बैठ जायेगा और उसको इतना लम्बा कर देगा।

यह किताब हफ़ीज़ जालन्धरी के 'शाहनामा इस्लाम' के तर्ज पर लिखी गई है। फिरदौसी चाहता तो बहुत बड़े सफहों पर ईरान की पूरी तारीख़ बयान कर सकता था, कि फलां बादशाह ने फलां बादशाह को मारा बगैरह। लेकिन वह उसमें पहलवानों और अजहदों (अज़गरों) बग़ैरह के किस्से डाल कर लम्बा करता गया। भला एक किताब की साठ हज़ार अशर्फियाँ दी जा सकती हैं? बजट भी तो देखना पड़ता है। महमूद की हम तारीफ करेंगे कि फिर भी साठ हजार रुपये की रकम फिरदौसी को भिजवायी। ख्वाह उसके मरने के बाद ही भिजवायी। आजकल के पब्लिशयर और कद्रदान तो मरने के बाद भी मुसन्निफ (लेखक) को कुछ नहीं देते। साठ हज़ार रुपये तो बड़ी चीज़ है। उनसे साठ रुपये ही वसूल हो जायें तो मुसन्निफ अपने को खुशकिस्मत समझते हैं।

पस साबित हुआ कि सुल्तान मौसूफ[3] बहुत फ़ैयाज़[4] भी था।

सवालात

1. महमूद ग़ज़नवी ने हिन्दुस्तान पर 17 हमले क्यों किये थे?
2. महमूद ग़ज़नवी ने 17 हमले किस मुल्क पर किये थे?
3. हिन्दुस्तान पर 17 हमले किस बादशाह ने किये थे? सच-सच बताओ?
4. महमूद ग़ज़नवी ने हिन्दुस्तान पर 18 हमले क्यों नहीं किये? 17 पर क्यों उकता गया?

नोट : सवाल नं. चार, एक, तीन और दो लाज़मी हैं।

---

3. महोदय 4. दानी

ख़ानदान-ए-ग़ौरी

ग़ज़नवी ख़ानदान के बाद किसी-न-किसी ख़ानदान को तो आना ही था। चुनांचे ग़ौरी ख़ानदान आया। इस ख़ानदान का अहृद बहुत मुख्तसर रहा। ये लोग इस बात पर ग़ौर ही करते रहे कि मुल्क को कैसे तरक्की दी जाये। किसी बात पर अमल करने की मोहलत ही न मिली।

सुल्तान मुहम्मद ग़ौरी इस ख़ानदान का मशहूर लेयाक़तमन्द बादशाह था। पर वह गक्खड़ों की सोरिश रफ़ा करने के लिये उनके इलाका-ए-नवाह रावलपिण्डी में गया और किसी गक्खड़ के हाथों मारा गया। हफीज़ होशियारपुरी और रईस अमरोहवी ने क़तआते-तारीख़ लिखी। अगर वह गक्खड़ों की जगह जाने की बजाय उनको अपने यहाँ बुलाता और घर बैठे उनकी सोरिश रफ़ा कर देता तो ज्यादा अच्छा रहता।

ख़ानदान-ए-गुलामान (गुलाम वंश)

इस ख़ानदान का बानी-मुबानी एक शख्स गुलाम मोहम्मद नामी था। इसीलिये यह ख़ानदाने-गुलामान कहलाया। दूसरी वजहे-तस्मीया यह बताई जाती है कि इस ख़ानदान के अहद में बाज़ बड़ी ताक़तों के नाम ख़ते-गुलामी लिखा गया। चूँकि इस ख़ानदान के बहुत-से ऐयान-ए-सल्तनत[1] की उम्र अंग्रेज की गुलामी में गुज़री थी इसलिये भी इसको ख़ानदाने-गुलामान का नाम दिया गया।

उस ज़माने में जाती और इनफ़िरादी[2] गुलामी तो खत्म हो रही थी, हाँ किसी मुल्क का किसी दूसरे मुल्क का गुलाम होना मायूब[3] न समझा जाता था। आका मुल्क अपने गुलाम मुल्क को ऐड देता था। अपनी फालतू पैदावार भेजता था। ताकि समुन्दर में न डुबोनी पड़े। और फालतू आदमी, जिनका उसके मुल्क में कोई मसरफ न होता, मुशीर[4] बनाकर साथ कर देता था। गुलाम मुल्क की जिम्मेदारियाँ कुछ भी न होती थीं। बस हकनाहक में आक़ा मुल्क का साथ देना होता था। अलावा-अज़ी[5] गुलाम अपने यहाँ फौलाद का कारखाना भी लगाता था, खारिजा पालिसी भी पूछकर बनाता था, बल्कि आक़ा मुल्क से बनी बनाई मँगाता था।

---

1. शासकों 2. वैयक्तिक 3. अनुचित 4. सलाहकार 5. इसके अतिरिक्त

ख़िलजी खानदान

इस ख़ानदान ने जितने दिन हुकूमत की खुद भी खलजान[1] में मुब्तिला रहे, दूसरी कौमों को भी खलजान में रखा। इसीलिये इसको ख़िलज़ी ख़ानदान कहते हैं। इस ख़ानदान के सरबराह का नाम भी 'ख़े' से शुरू होता था। एक शायर ने यह क़सीदा इसी की शान में लिखा है—

किस चीज़ की कमी है ख़्वाजा तेरी गली में,
घोड़ा तेरी गली में, नथिया तेरी गली में।

इस बादशाह के अह्‌द में फ़ने तब्बाखी[2] की बहुत तरक्की हुई। चरिन्दों-परिन्दों के लिये यह दौर कुछ अच्छा न था। मुर्गो-माही (पक्षी और मछली) बादशाह का नाम सुनकर थर-थर काँपते थे। 'सौदा' नामी शायर तो यहाँ तक कहते हैं कि —

"तड़पे था मुरग़्किबलानुमा आशियाने में।"

उर्दू के मशहूर क्लासिक 'मुकम्मल मुर्गीखाना' बातस्वीर[3] अह्‌द में तस्नीफ़ हुई। आज तक उसके 70 एडीशन निकल चुके हैं।

तुग़लक ख़ानदान

इस ख़ानदान के सरकारी दफातिर करांची के 'तुगलक हाऊस' में थे, इसीलिये यह तुगलक ख़ानदान कहलाता है। इन्हीं दफातिर में बैठे-बैठे वज़राये-सल्तनत को पहले पहल ख़याल आया कि दारूल-हुकूमत बदलना चाहिये, देहली से देवगिरी चलना चाहिये। और कुछ नहीं तो थोड़ी-सी तफरीह ही रहेगी। सफ़र का भत्ता ही मिलेगा। इस मंसूबे पर अमल बाद में हुआ।

तुग़लक का लफ्ज़ एगलाक से निकला है जिसके मानी मुश्किलपंसदी और मुश्किलगोई[1] वगैरह है। हमारे दोस्त अब्दुल अज़ीज़ खालिद[2] उस दौर में होते तो मुल्कुशशोअरा (राष्ट्रकवि) होते। हर वक़्त खिलअते-फ़ाखेरा[3] ज़ेबतन[4] किये रहते। यूँ खाली बुशर्ट में न घूमा करते।

---

1. चिन्ता 2. पाककला 3. सचित्र

1. कठिन बातें करना 2. पाकिस्तानी साहित्यकार 3. गरिमापूर्ण वेश 4. धारण

सर फीरोज़ खां तुग़लक इसी ख़ानदान का मशहूर बादशाह था। यह अपना रिश्ता चंगेज खां से मिलाया करता था और कोटले बसाया करता था। चुनांचे फीरोज़शाह कोटला मशहूर है। उसकी तसानीफ में 'तारीख़े फिरोज़शाही', 'फीरोजुल्लोगात' और 'चश्मदीद' मशहूर हैं।

'तारीखे फिरोज़शाही' तारीख की किताब है। 'फीरोजुल्लोगात' एक लोगात (शब्दकोश) है और चश्मदीद में बादशाह ने अपने वो हालात लिखे हैं जो अपनी आँखों से देखें हैं।

फीरोज़ तुग़लक के ज़माने में चीज़ें सस्ती थीं। कम-अज़-कम आज के मुकाबले में आटा, दाल, बनस्पति घी भी, पैट्रोल भी। ऐ काश ! वह आज भी ज़िन्दा होता और हमारा बादशाह होता।

लोधी ख़ानदान

इस ख़ानदान का मशहूरतरीन बादशाह सिकंदर लोधी था। उसको सिकंदर-ए-आज़म के साथ खल्त-मल्त न करना चाहिये। वो ज़माना क़ब्ल-अज़-मसीह[1] में हुआ था। यह ज़माना बाद-अज़-मसीह[2] में हुआ। बाज़ किताबों में इस ख़ानदान का नाम 'लोभी' लिखा है। जिसके मानी लालची यानी इक्तिदार की लालच रखनेवाला होता है। लेकिन हमारे ख्याल में सही नाम लोधी ही है। इस ख़ानदान का मोवर्रिख आला[3] लुधियाना से आया होगा। जैसे यह ख़ाक़सार आया है। यह ख़ाक़सार अपने को लोधी नहीं कहता, जिसकी वजह ख़ाक़सारी है।

सिंकदर लोधी फीरोज़शाह तुग़लक को माजूल[4] करके बरसरे-इकदार आया था। इत्तेफाक देखिए, खुद उसके साथ भी यही हुआ। उसके सिपहसलार ने उसे तख़्त से उतारकर बाबूदे-दरिया-ए-शोर भेज दिया यानी मुल्क-बदर कर दिया और ख़ानदाने-गन्धारा की बुनियाद रखी। ख़ानदाने-गन्धारा की फ़रमांरवाई एक मुद्दत तक अच्छी तरह चली, लेकिन आख़िर सल्तनत के टुकड़े होने शुरू हो गये। हत्ता कि मुल्क 22 खानदानों में तक़सीम हो गया। ऐसा हो जाये तो मुग़ल ही आया करते हैं।

चुनांचे आये। सल्तनते-मुग़लिया कायम की।

1. ईसा पूर्व करना 2. उत्तर ईसा पूर्व 3. श्रेष्ठ इतिहासकार 4. पदच्युत

सवालात

1. गक्खड़ों पर जब़ाबे मज़मून लिखो। लेकि़न ज़रा दूर रहकर, ये ख़तरनाक लोग हैं।
2. क्या गुल़ामी ख़ानदाने–गुलामान के साथ खत्म हो गई थी।
3. फीरोज़ तुगलक ने फीरोज़ुल्लोग़ात क्यों लिखी थी ?

अहवाल ख़ानदाने–मुग़लिया का

बाबर

बाबर बादशाह समरकन्द से हिन्दुस्तान आया था ताकि यहाँ ख़ानदाने मुग़लिया की बुनियाद डाल सके। यह काम तो वह ब–हुस्नो–खूबी[1] अपने वतन में भी कर सकता था – अलबत्ता पानीपत की पहली लड़ाई में उसकी मौजूदगी ज़रूरी थी।

यह न होता तो वह लड़ाई एकतरफ़ा होती। एक तरफ़ इब्राहीम लोधी होता, दूसरी तरफ़ कोई भी न होता। लोग इस लड़ाई का हाल पढ़–पढ़कर हँसा करते।

यह बादशाह तुज़ुक[2] लिखता था। टूटे–फूटे शेर भी कहता था। पेशेनगोइयाँ [3] भी करता था कि "आलम दुबारा नीस्त"[4]। और दो आदमियों को बग़ल में दाबकर दौड़ भी लगाया करता था। ज़ाहिर है इतनी मस्रूफ़ियतों में उमूरे–ममलिकत के लिए कितना वक़्त निकल सकता है। शराब भी पीता था।

याद रहे कि उस ज़माने के लोगों को मज़हबी अहकाम का ऐसा पास[5] न था जैसा हमें है, कि मुहर्रम के अशरे[6] के दौरान में शराब की दुकानें बन्द रहती हैं। किसी को पीनी हो तो घर में बैठकर पिये। काबुल को बहुत पसन्द करता था , वहीं दफ़न हुआ।

उस ज़माने में काबुल शहर इतना गन्दा नहीं होता होगा जितना आज है।

सवालात

1. बाबर ने ख़ानदाने–मुग़लिया की बुनियाद क्यों रखी थी ? ख़ानदाने तुग़लक़ या खानदाने मौर्या की क्यों नहीं ?

---

1. सुन्दरता के साथ 2. प्रबन्ध शास्त्र 3. भविष्यवाणी 4. दुनिया फिर न होगी 5. लिहाज़ 6. दस रोज़

2. अगर पानीपत की पहली लड़ाई में बाबर के अलावा इब्राहीम लोधी भी शरीक न होता तो उसका क्या नतीजा होता ?

हुमायूँ

हुमायूँ बादशाह निज़ामे-सक्क़ा[1] का हमअस्र[2] था, जो मुमताज़ मुफ़्ती[3] के एक मशहूर ड्रामे का हीरो था और चाम के दाम चलाया करता था। बंगाले का सूबा उसके तख़्तनशीन होते ही खुदमुख़्तार हो गया। छः नुकात[4] पेश करने की भी ज़रूरत नहीं समझी।

बिहार और गुजरात के हाकिम और राजपूत राजे भी सरकशी पर आमादा हो गए। 'जय बिहार' और 'जय गुजरात' के नारे लगने लगे। बादशाह करेन्सी, उमूरेखारजा[5] और डिफेन्स अपने पास रखकर मुसालिहत[6] पर आमादा था, लेकिन उनमें से कोई राज़ी न हुआ।

एक शख़्स शेरशाह नामी सकना-बिहार[7] तो फ़ौज लेकर भी चढ़ दौड़ा।

हुमायूँ नर्मदिल आदमी था। उसकी फ़ौज भी नर्मदिल थी। जहाँ शेरशाह सामने आता था, पीछे हट जाती थी। बाज़ मुवेर्रख़ीन ने उसे शिकस्त से ताबीर[8] किया है।

हुमायूँ सैरो-तफ़रीह का दिलदादा था। दिल्ली से जो निकला तो राजपूताना की सैर की, सिन्ध की सैर की, ईरान की भी सैर की। ईरान में यह पूरे दस साल बैठा रहा ताकि फ़ारसी अच्छी तरह सीख सके और बामुहावेरा[9] बोल सके। बाद में इन्तज़ामे-ममलिकत शेरशाह को सँभालना पड़ा।

उसे हुकूमत का चन्दाँ तजुर्बा न था-बादशाही एक ख़ानदानी काम है। शेरशाह ने सिवाय सड़कें और सराय बनवाने, कुएँ खुदवाने, चोर पकड़ने और टोडरमल से ज़मीन की जमाबन्दियाँ कराने के कुछ न किया।

हुमायूँ का बेटा अकबर सिन्ध के सफ़र के दौरान अमरकोट में पैदा हुआ था। इस्तेलाह[10] में उसे 'नया सिन्धी' भी कह सकते हैं।

हुमायूँ को इल्मे-हैयत[11] का बहुत शौक़ था जो साइंस की एक क़िस्म है। एक

---

1. भिश्ती-राज 2. समकालीन 3. एक साहित्यकार 4. सूत्र 5. विदेश विभाग 6. समझौता 7. बिहार प्रान्त का 8. अनुमान 9. मुहावरे के साथ 10. पारिभाषिक रूप में 11. नक्षत्रविद्या

रोज़ छत पर खड़ा सितारे देख रहा था, उतरते में पाँव फिसला और मर गया। इन्ना लिल्लाहे व इन्ना एलैहे राजऊन[12] ।

साइंस बाज़ औक़ात ख़तरनाक और मुहलिक[13] भी साबित होती है, इसीलिए तो हमारे बुज़ुर्ग इससे चन्दां (थोड़ा भी) रग़बत न रखते थे। सर्फ़ो-नहो[14], अरूज़ो-मन्तिक़[15] और उलूमे-मज़लिसी[16] पर तालीम ख़त्म कर देते थे। ज़मीन का गोल होना तक उस ज़माने की किताबों से साबित नहीं। और सूरज के गिर्द चक्कर लगाना तो ख़ैर उसने बहुत बाद में शुरू किया है।

साइंस और ईजादात[17] के ख़िलाफ़ हमारे पास दूसरी दलील यह है कि अगर हुमायूँ के ज़माने में पानी पाइपों और नलों के ज़रिये आया करता तो न मशकें होतीं न सक्के[18] । लिहाज़ा न अकबर होता न शाहजहाँ, न बादशाही न ताजमहल, न नूरजहाँ न उसके कबूतर। क्योंकि हुनायूँ बग़ैर अकबर को पैदा किये जमना में डूब गया होता। अल्लाह अल्लाह ख़ैर सल्ला।

सवालात

1. हुमायूँ छत पर खड़ा कौन से सितारे देख रहा था ? आम सितारे या फ़िल्मी सितारे ? तुम कौन से सितारे देखकर फिसला करोगे ?
2. क्या आजकल भी दो घड़ी की बादशाहत में रिश्तेदारों को फ़ायदा पहुँचाने और चाम के दाम[19] चलाने का रिवाज़ है ?
3. क्या टोंटीदार नलके पर सवार होकर दरिया पार कर सकते हैं ?
4. साइंस और ईजादात[20] के ख़िलाफ और मिसालें तलाश करो।

---

12. हर चीज़ अल्लाह की तरफ से है और उसी की तरफ लौट जाने वाली है। (मौत की दुआ)
13. हानिनकारक 14. व्याकरण रूप 15. छन्द एवं तर्क 16. शिष्टाचार 17. अविष्कार 18. भिश्ती
19. चमड़े के सिक्के 20. अविष्कारों

अकबर

आपने हज़रत मुल्ला दोप्याज़ा और बीरबल के मलफ़ूतात[1] में इस बादशाह का हाल पढ़ा होगा। राजपूत मुसव्वरी[2] के शाहकारों में इसकी तस्वीर भी देखी होगी। इन तहरीरों और तस्वीरों से यह गुमान होता है कि यह बादशाह सारा वक्त दाढ़ी घुटवाए, मूँछें तरशवाए उकड़ूं बैठा फूल सूँघता रहता था, या लतीफ़े सुनता रहता था।

ये बात नहीं, और काम भी करता था।

अकबर क़िस्मत का धनी था। छोटा सा था कि बाप यानी हुमायूँ बादशाह सितारे देखने के शौक में कोठे से गिरकर जाँबहक़[3] हो गया और ताजो-तख़्त इसे मिल गया। एडवर्ड हफ़तुम[4] की तरह चौंसठ बरस वलीअहदी[5] में नहीं गुज़ारने पड़े। वैसे उस ज़माने में इतनी लम्बी वलीअहदी का रिवाज़ भी न था।

वलीअहद लोग ज्योंही बाप की उम्र को माकूल मुद्दत से तजावुज़[6] करता देखते थे, उसे क़त्ल करके या ज़्यादा रहमदिल होते तो क़ैद करके तख़्ते-हुकूमत पर जल्वा-अफ़रोज[7] हो जाया करते थे, ताकि ज़्यादा से ज़्यादा दिन रिआया की ख़िदमत का हक़ अदा कर सकें।

अब हम अकबरी अह्द के कुछ अहम वाक़िआत का ज़िक्र करते है --

पानीपत की दूसरी लड़ाई

पानीपत में उस वक़्त तक सिर्फ़ एक लड़ाई हुई थी। पानीपतवालों का इसरार था कि अब एक और होनी चाहिए। चुनांचे अकबर ने पहली फुरसत में भैरो बंगाह के साथ उधर का रुख़ किया।

उधर से हेमूं बक़्क़ाल लश्करे-जर्रार[8] लेकर आया। उसके साथ तोपें भी थीं और हाथी भी थे – एक-से-एक सफ़ेद। घमासान का रन पड़ा। हेमूं की जमीअत[9] ज़्यादा थी, लेकिन अकबरी लश्कर ने ताबड़तोड़ हमले करके खलबली डाल दी।

बाज हमदर्दों ने उसके जद्दी[10] वतन से पैगाम भिजवाया कि तुम और हेमूं दोनों यहाँ ताशकन्द आओ, सुलह कराए देते हैं, लेकिन अकबर न माना।

---

1. लतीफ़ों 2. चित्रकला 3. अल्लाह को प्यारा, स्वर्गवासी 4. सातवाँ 5. युवराजी 6. अतिक्रमण 7. सुशोभित 8. भारी फौज 9. सेना 10. पैतृक

पानीपत

हेमूं एक हाथी के हौद में बैठा रुपये-आने-पाई का हिसाब लिख रहा था कि उस लड़ाई का माले-ग़नीमत[11] फ़रोख़्त[12] करके किसी कारोबार में पैसा लगाए, कि नागहां[13] एक तीर क़ज़ा[14] का पैगाम लेकर उसकी आँख में आन लगा और वह बेसुध होकर गिर गया। हेमूं बक़्क़ाल को हम तारीख़ का पहला मोशेदायान[15] कह सकते हैं।

बैरमख़ान को हज कराना

बैरमख़ान अकबर का अतालीक़[16] था। उसी ने उसकी परवरिश की थी और तख़्त दिलाया था। अकबर ने तख़्त पर बैठने के बाद जब सारे अख़्तियारात क़बज़े में कर लिए तो सोचा कि पहले इस मुहसिन[17] के एहसानात का बदला चुकाना चाहिए। चुनांचे बैरमख़ान को बुलाया और कहा –

"ख़ान बाबा ! अब आप जाइये हज कर आइये।" किसी को हज पर भेजना, ख़्वाह वह जाना चाहे या न चाहे, बड़ी नेकी का काम है। अकबर ने और भी कई लोगों को उनकी ना ना की परवाह न करते हुए हज व ज़ियारत पर भेजा, लेकिन खुद नागुज़ीर वजूहात[18] और चन्द मसरूफ़ियात की वजह से कभी न जा सका।

बैरमख़ान हज को जाते हुए रास्ते में क़त्ल हो गया। लेकिन यह उसका ज़ाती मामला था। तारीख़ों में लिखा है कि अकबर को उसके मरने की ख़बर हुई तो बहुत रंज हुआ। ज़रूर हुआ होगा।

दीने-इलाही

दीनियात की तरफ़ अकबर के शग़फ़[19] को देखते हुए वज़ीर बा-तदबीर[20] अबुलफ़ज़्ल ने उसके ज़ाती इस्तेमाल के लिए एक दीने-इलाही ईजाद कर दिया था और यह कहने की ज़रूरत नहीं कि उसके पहले ख़लीफ़ा की जिम्मेदारियां खुद संभाल ली थीं। चढ़ते सूरज की पूजा करना इस मज़हब का बुनियादी उसूल था। मुरीद अकबर के गिर्द जमा होते थे और कहते थे कि ऐ जिल्ले इलाही तू ऐसा दाना व फ़रज़ाना[21] है कि तुझको ता-हयात सरबराहे-ममलिकत यानी बादशाह वग़ैरह रहना चाहिए। और तू ऐसा

---

11. लूट का माल 12. बेचकर 13. अचानक 14. मृत्यु 15. इजराइल का विख्यात सेनापति 16. व्यक्तित्व निर्माता 17. उपकारी 18. अपरिहार्य कारणों 19. लगाव 20. सलाहकार 21. विश्वासपात्र

बहादुर है कि तुझको हिलाले-जुरअत[22] मिलना चाहिए, बल्कि खुद ले लेना चाहिए। उसके नाम का वज़ीफ़ा पढ़ते थे और उसकी तारीफ़ में वक़्त-बेवक़्त बयानात जारी करते रहते थे। परस्तिश की ऐसी रसमें आजकल भी राएज हैं, लेकिन उनको दीने-इलाही नहीं कहते।

अकबर की हिक्मते अमली[23]

अकबर में तअस्सुब[24] बिल्कुल न था। खुसूनन शादियों के मामले में। कुछ रियासतें फ़ौजों से फ़तह कीं ; बाक़ी के राजाओं की बेटियों को अपने हरम में और उनके इलाक़ों को अपनी सलतनत में शामिल कर लिया। आजकल के सेठ और मिल-मालिक जो ऐसा करते हैं तो ये कोई नई बात नहीं।

अदब[25] की सिरपरस्ती वग़ैरह

अनारकली एक कनीज़[26] थी जिसकी वजह से शहज़ादा सलीम का एख़लाक़ ख़राब होने का अंदेशा था। अकबर ने उसे दीवार में जिन्दा चुनवा दिया। एक मसलहत इसमें ये थी कि सैयद इम्तेयाज़ अली ताज[27] अपना मारेकतुलआरा[28] ड्रामा लिख सकें और उर्दू अदब के ज़खीरे में एक क़ीमती इज़ाफ़ा हो सके।

दरबारी शायर नज़ीरी नीशापूरी ने एक बार कहा कि मैंने लाख रुपये का ढेर कभी नहीं देखा। बादशाह ने एक लाख रुपया ख़ज़ाने से निकलवाकर ढेर लगा दिया। जब नज़ीरी अच्छी तरह से देख चुका तो रुपये वापस ख़ज़ाने में भिजवा दिये। नज़ीरी देखते का देखता रह गया।

अस्ल में नज़ीरी यह हरकत ख़ानख़ाना के साथ पहले कर चुका था। ख़ानख़ाना ने शायर की नीयत को भांप कर कह दिया था कि अच्छा अब यह ढेर तुम अपने घर ले जाओ।

लेकिन अकबर ऐसा कच्चा आदमी न था।

---

22. वीरचक्र 23. नीति 24. साम्प्रदायिकता 25. साहित्य 26. दासी 27. एक साहित्यकार 28. श्रेष्ठ

फ़ुतूहात[29]

अकबर का दौर फ़ुतूहात के लिए मशहूर है। उसकी क़लमख[30] बंगाले से दकन और गुजरात तक फैली हुई थी। कालिंजर, मेवाड़ और नथफौर के राजाओं को उसी ने ज़ेर[31] किया था।

हुकूमत के आख़िरी दिनों में क़न्धार भी फ़तह किया, जिसे क़दीम ज़माने में गन्धारा कहते थे। जब लोगों ने एतराज़ किया कि क्यों फ़तह किया तो बादशाह को बयान देना पड़ा कि मैंने नहीं किया, हाँ शहज़ादा सलीम ने शायद किया हो, सो वह मेरे कहने में नहीं।

सवालात

1. पानीपत की दूसरी लड़ाई भी पानीपत ही में क्यों हुई? कहीं और क्यों नहीं हुई?
2. उर्दू ड्रामा वग़ैरह के फ़रोग़[32] में हिस्सा लेने का क्या तरीक़ा है?
3. तुम अनपढ़ रहकर अकबर बनना पसन्द करोगे या पढ़-लिख कर उसका नवरत्न?

अकबर के नवरत्न

अकबर अनपढ़ था। बाज़ लोगों को गुमान है कि अनपढ़ होने की वजह से ही इतनी उम्दा हुकूमत कर गया। उसके दरबार में पढ़े-लिखे नौकर थे। नवरत्न कहलाते थे। यह रिवायत उस ज़माने से आजतक चली आती है कि अनपढ़ लोग पढ़े-लिखों को नौकर रखते हैं और पढ़े-लिखे इस पर फख्र करते हैं। उन नवरत्नों का हाल हम नीचे लिखते हैं।

राजा टोडरमल

मोतमनुद्दौला उम्दतुल्मुल्क राजा टोडरमल अपने ज़माने का बड़ा लायक़ आदमी गिना जाता है। अकबर का दीवान होने से पहले ये राजा-ए-राजगान महाराजा सामगढ़ की

---

29. विजयें 30. साम्राज्य 31. पराजित 32. उन्नति

सरकार में रह चुका था। और अपनी वफ़ादारी में अब भी रासिख़[1] था कि जबतक अलस्सबाह[2] स्नान करके महाराज मौसूफ़[3] की मूर्ति को दण्डवत् न कर लेता, खाने को हाथ न लगाता। उसकी कोशिश थी कि अकबर उसके वलीये-नेमत[4] से दोस्ती रखे, किसी और से न रखे। लेकिन बाज़ लोग राजा सामगढ़ को अच्छा न समझते थे, मसलन जुलफ़िकारूद्दौला ख़ानख़ाना।

राजा टोडरमल ने बादशाह के मिज़ाज में दख़ील होकर ख़ानख़ाना को माज़ूल[5] करा दिया। बाज़ कहते हैं कि बद्‌दिल होकर खुद ही छोड़ गया। चन्द उमरा को तो राजा टोडरमल ने मुल्क बदर भी करा दिया।

राजा टोडरमल हिसाब-किताब और जोड़-तोड़ का बड़ा माहिर था। उसके अह्‌द में मुल्क ने इक़्तिसादी[6] तौर पर बड़ी तरक्की की।

बादशाह के अज़ीज़ (प्रिय लोग) उसके सायए-आतिफ़त[7] में देखते-देखते मालामाल हो गए। जो चीज़ क़ब्ल-अज़ां[8] एक रुपये में मिलती थी, राजा टोडरमल की खुश-तदबीरी[9] के बाइस बाज़ार में चार रुपये में हर जगह आसानी से दस्तयाब[10] होने लगी।

नतीजा ये हुआ कि लोनों का मेयारे-ज़िन्दगी[11] बढता चला गया। संभालना मुश्किल हो गया।

अकबर ने टोडरमल को मनसबे-पंजहज़ारी[12] दे रखा था लेकिन वह मौक़ा देखकर दोबारा सामगढ़ चला गया।

राजा-ए-राजगान ने उसकी ख़िदमत के एतेराफ़[13] में उसं हश्त-हज़ारी[14] से सरफ़राज़[15] किया।

ख़ानख़ाना

ख़ानख़ाना, कि ख़िताब ज़ुल्फिकारूद्दौला का रखता था, अकबर का सबसे कम उम्र वज़ीर था। ज़हीन और खुश तक़रीर[16] । अकबर उसे बहुत अज़ीज़ रखने लगा और बाहर की विलायतों[17] से हर तरह की मुआमिलत[18] उसके सुपुर्द कर रखी थी।

---

1. अडिग 2. प्रातःकाल 3. महोदय 4. बावर्ची 5. पदच्युत 6. आर्थिक 7. छत्रछाया 8. उससे पहले 9. सुप्रबन्ध 10. उपलब्ध 11. जीवन स्तर 12. पाँच हजार 13. स्वीकार 14. सात हजार 15. विभूषित 16. अच्छा वक्‍त 17. देशों 18. मामले

टोडरमल को यह बात पसन्द न आई, क्योंकि ख़ानख़ाना का मीलान[19] महाराजा सामगढ़ की बजाय फ़ग़फ़ूरे-चीन[20] की तरफ़ ज़्यादा था। आख़िर नवरत्नों के हलक़े से निकलवाकर दम लिया।

कहते हैं कि पानीपत की दूसरी लड़ाई के सिलसिले में भी बादशाह के एख़्तेलाफ़ हो गये थे। अकबर हेमूं बक़्क़ाल से सुलह पर आमादा था। ख़ानख़ाना इसका मुख़ालिफ़ था। ख़ानख़ाना को यह बात भी पसन्द न थी कि उमरा बड़ी-बड़ी जागीरों पर क़ाबिज़ हों या उलमा जायदादें बनाएँ। इसलिए दरबार के उलमा भी उससे नाराज़ हो गये थे और उसके अक़ायद[21] में नुक्स[22] निकालने लगे थे।

ख़ानख़ाना ने बद्‌दिल होकर परचमे-बग़ावत बलन्द किया तो लाखों लोग उससे आ मिले। लेकिन उनमें रुअसा[23] और ख़ानदानी अमीर बहुत कम थे। ज़्यादातर आम तबक़े के आदमी थे। ख़ानख़ाना अपना दरबार पीपल के एक दरख़्त के नीचे लगाता था। इसलिए उसके हामी[24] भी पीपलवाले मशहूर हुए।

अबुलफ़ज़्ल

अकबर का यह मुशीरे[25] -बातदबीर सही मानों में रत्न था – बहरे-इल्म[26] का गौहेर-यकता[27] । रूमूज़े-सल्तनत[28] के अलावा अदब व इंशा[29] में भी दस्तगाहे-कामिल[30] रखता था।

कहते हैं कि बादशाह को दीने-इलाही के रास्ते पर यही लाया। परचा-नवीसों[31] को यह हिदायत थी कि कोई बात बादशाह के ख़िलाफ़ न लिखें, हाँ तारीफ़ करने पर कोई पाबन्दी नहीं। दसवें सने-जुलूस[32] के धूमधामी जश्ने-महताबी का सेहरा भी मुवर्रेख़ीन उसी के सर बाँधते हैं।

उसी ने बादशाह से उसकी तुज़ुक लिखवाई, जिसकी धूम फ़िरंगिस्तान से जापान तक हुई। मुल्ला अब्दुल क़ादिर बदायूनी का कहना है कि अबुलफ़ज़्ल ने ख़ुद लिखकर दी। बादशाह को कहाँ लिखना आता था? वल्लाहे-आलम ![33]

---

19. झुकाव 20. चीन का शासक 21. आस्थाओं 22. दोष 23. धनी लोग 24. समर्थक 25. सलाहकार 26. ज्ञान सागर 27. इकलौता मोती 28. शासन प्रबन्ध 29. लेखन 30. पूर्ण अधिकार 31. पत्रकारों 32. दसवीं वर्षगाँठ 33. अल्लाह जाने

फ़ैजी, बीरबल और मख़दूमुल-मुल्क वग़ैरह

नवरत्नों में और भी कई बाकमाल थे। मसलन फ़ैजी, कि दरबार में मलकुशशुअरा[34] था। अगर कोई बादशाह से ज़रा सी भी सरताबी[35] करता था तो ये उसको बे-नुक़त[36] सुनाता था। बहुत-से लोग इसके बे-नुक़त कलाम की वजह से बादशाह के और ख़िलाफ़ हो गए।

बयानुद्दौला, लताइफ़ुलमुल्क, राजा बीरबल का ज़िक्र भी ज़रूरी है। ये भाटों के चौधरी थे। एक बयान दे देते थे तो लोग बहुत दिन उसपर हँसते रहते थे।

अकबर के एक नवरत्न मख़दूमुल-मुल्क अब्दुल्लाह सुल्तानपुरी थे। मख़दूमुल-मुल्क अच्छे-अच्छे ख़्वाब देखकर बादशाह को बशारते[37] दिया करते थे। मशाइख़[38] का एक हल्क़ा भी बना रखा था जो चिल्ले[39] काट-काटकर बादशाह की दराज़िये-हुकूमत[40] के लिए दुआएँ करते थे।

अफ़सोस, मौसम की ख़राबी की वजह से अक्सर दुआएँ ऊपर बाबे-क़ुबूल[41] तक न पहुँच पाती थीं, रास्ते ही से लौट आती थीं। इसे अकबर का कमाल जानना चाहिए कि ऐसे नवरत्नों और बाकमालों के बा-वस्फ़[42] पचास बरस हुकूमत कर गया। आजकल तो लोग दस बरस मुश्किल से निकालते हैं।

सवालात

1. सामगढ़ कहाँ वाक़े है[43] ? उसके राजा का नाम, पता, वल्दियत, सुकूनत[44] वग़ैरह लिखो। घबराने की ज़रूरत नहीं।
2. 'वफ़ादारी-बशर्ते के उस्तवारी'[45] के मौज़ूं[46] पर जवाबे-मज़मून लिखो और टोडरमल की ज़िन्दगी की मिसालें दो।

---

34. कवि सम्राट 35. विद्रोह 36. बुरा भला 37. स्वप्नफल 38. तान्त्रिक 39. तन्त्र साधना 40. शासन के चिरायु होने 41. स्वीकृति द्वार 42. आधार पर 43. स्थित 44. निवास 45. टूटी न हो 46. विषय

जहांगीर और बेबी नूरजहां

अकबर के बाद जहांगीर तख़्त पर बैठा। वह अकबर का बेटा था। अगर उसका बाप होता तो यक़ीनन उससे पहले तख़्त पर बैठता।

जिन लोगों ने सोहराब मोदी की फ़िल्म 'पुकार' देखी है उनके लिए जहांगीर की ज़ात और कारनामे मुहताजे-तआरूफ़[1] न होंगे। उसकी बीवी नूरजहां थी जो मल्कए-तरन्नुम[2] तो न थी लेकिन बाज़ और कमालात रखती थी। अभी नवउम्र ही थी कि लोगों के कबूतर पकड़ कर उड़ा दिया करती थी। ख़ुसूसन वलीअहदों वगैरह के बाद में ऐसी ज़ोरदार मलका साबित हुई कि बड़े-बड़ों के हाथों के तोते उसे देखते ही उड़ जाया करते थे। जहांगीर को बड़ा ही ज़ीरक[3] और समझदार जानना चाहिए कि उसने महज़ कबूतरों के उड़ाने से नूरजहां की लियाक़त का अन्दाज़ा करके उससे शादी कर ली थी। उसके सलीक़ा-शिआर[4] पाबन्दे-सौमो सलात[5] या कशीदाकारी[6] का माहिर होने की शर्त न रखी थी।

जहांगीर की बीवी के अलावा उसका अदूल[7] भी मशहूर है। उसने महल के बाहर एक ज़ंजीर से एक घंटा लटका रखा था। पास ही दरबान बिठा दिये थे, कि कोई फ़रियादी नज़दीक आने की कोशिश करे तो उसके डंडा रसीद करें। फिर भी कोई न कोई शख़्स घण्टा बजाने में कामयाब हो जाता था और बादशाह को बेवक़्त जगाता था। उसकी सज़ा भी पाता होगा।

जहांगीर का अदूल उसके ज़माने के हिसाब से था। निज़ामे-अदूल[8] में ऐसी तरक़्क़ियां बाद को अंग्रेज़ के ज़माने में हुईं कि मुक़दमा चलता है तो बरसों चलता है। फैसला होने तक फ़रीकैन[9] अगर ज़िन्दा हों तो यह भी भूल चुके होते हैं कि झगड़ा किस बात का था। ज़ंजीर और घंटे वाला निज़ाम आज रायज किया जाय तो यह ख़तरा है कि लोग ये चीज़ें ही चुरा ले जाएंगे। बेच खाएंगे।

जहांगीर ने फ़ुतूहात[10] ज़्यादा नहीं कीं, बस बैठा तुज़ुक लिखता रहता था। इंसाफ करता रहता था। शराब पीता रहता था। और नूरजहां से मुहब्बत करता रहता था।

---

1. परिचय 2. गायिकाओं की रानी (यानी पाकिस्तान की प्रसिद्ध गायिका नूरजहाँ) 3. बुद्धिमान 4. शील 5. रोज़ा नमाज़ की पाबन्द 6. सिलाई कढ़ाई 7. न्याय 8. न्याय व्यवस्था 9. वादी-प्रतिवादी 10. विजयें

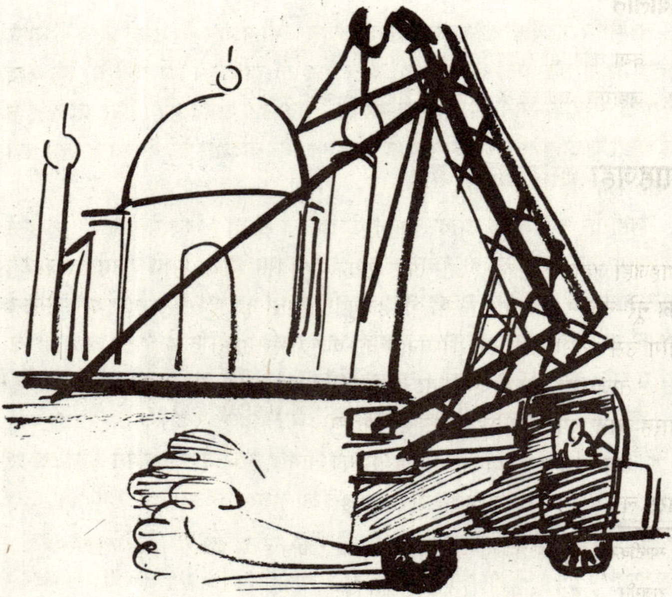

एक ग़लतफ़हमी का इज़ाला[1]

मुवर्रेख़ीन[2] की यह आदत है कि ग़लत बातें लिखते रहते हैं। एक बात यह लिख दी कि जहांगीर ने शेर अफ़गन को, जो नूरजहां का पहला शौहर था, मरवा दिया था, ताकि उससे शादी कर सके। ये ग़लत है। जहांगीर ने तो उसे बहुत मरने से रोका, लेकिन वह मर ही गया।

अकबर के बाब[3] में भी हम मुवर्रेख़ीन की एक ग़लत-बयानी की तरदीद[4] करना भूल गए थे। 'अकबरनामे' में लिखा है कि अकबर ने चित्तौड़ फ़तह किया तो तीस हज़ार आदमी तेग़ के घाट उतार दिये। यह सही नहीं है। अकबर हरगिज़ ऐसा सफ़्फ़ाक[5] न था। मुल्ला अब्दुलक़ादिर बदायूनी ने मक़तूलीन[6] की तादाद आठ हज़ार और फरिश्ता[7] ने दस हज़ार लिखी है। उसी को सही जानना चाहिए।

सवालात

1. क्या कोई भी लड़की कबूतर उड़ा देती तो जहांगीर उससे शादी कर लेता ?
2. जहांगीर अकबर के बाद क्यों तख़्त पर बैठा ? बल्कि तख़्त पर बैठा ही क्यों ?

शाहजहां और ताजमहल

शाहजहां जहांगीर का बेटा और अकबर का पोता था। किसी मेमार[1], इमारती ठेकेदार का नूरे-नजर[2] न था। न किसी पी. डब्ल्यू. डी. वाले का मूरिसे-आला[3] था। जैसा कि लोग उसे इतनी सारी इमारतें बनाने की वजह से समझ लेते हैं।

ताजमहल उसकी बनाई हुई इमारतों में सबसे ज्यादा मशहूर है। उसकी तामीर में बारह साल लगे और करोड़ों रुपये सर्फ़ हुए।

हज़रत क़ायदे-आज़म[4] के मज़ार की तामीर में भी इतने ही पैसे और इतने ही बरस लगे। अगर कोई फ़र्क़ इन दोनों मक़बरों की खूबसूरती और तामीर में है तो उसकी

---

1. स्पष्टीकरण 2. इतिहासकारों 3. अध्याय 4. काट 5. चालाक 6. मृतकों 7. एक इतिहासकार

1. राजगीर 2. बेटा 3. पूर्वज 4. मुहम्मद अली जिन्ना

वजह ज़ाहिर है। शाहजहां के ज़माने तक फने-तामीर[5] और नक़शा-साज़ी में इतनी तरक्क़ियां न हुई थीं। पत्थर वग़ैरह ढोने, घिसने और चमकाने वग़ैरह के तरीके भी पुराने और देर-तलब[6] थे। मशीनी गाड़ियां और बिजली की सरीउर्रफ़्तार[7] मशीनें भी ईजाद न हुई थीं। एक बात यह भी है कि क़ायदे-आज़म करोड़ों आदमियों के महबूब थे, जबकि मुमताज़ महल सिर्फ़ एक शख़्स की महबूबा थी। बा-इन-हमा[8] ज़माने के एतबार से हम ताजमहल को बहुत अच्छी इमारत कह सकते हैं।

शाहजहां बहुत दूर की नज़र रखता था। ताजमहल न होता तो आज भारत के टूरिस्ट ट्रेड की इतनी तरक़्क़ी न होती। इतना ज़रे-मुबादला[9] हासिल न होता। उसके दीगर नताएज भी दूर-रस हैं। ताजमहल न होता तो ताजमहल बीड़ी भी न होती। ताजमहल चप्पल भी न होती। ताजमहल मक्खन भी न होता, जो सेहतबख़्श अज्ज़ा[10] का मुरक्कब[11] है और जिसे तैयारी के दौरान में हाथों से नहीं छुआ जाता। हत्ता कि कपड़े धोने की ख़ातिर ताजमहल साबुन भी न होता और न ही ताजमहल चाय होती।

यह भी सोचना चाहिए कि ताजमहल न होता तो लोग कलेंडरों पर तस्वीरें किस चीज़ की छापते?

शाहजहां ने कई मस्जिदें भी बनाईं। मोती मस्जिद और दिल्ली की जामा मस्जिद वग़ैरह। लाल क़िला भी बनाया। बहादुरशाह ज़फ़र उसी में मुशायरा वग़ैरह कराया करते थे। तख़्ते-ताऊस भी शाहजहां ही ने बनवाया था और उसमें अपनी तरफ़ से बहुत हीरे-जवाहर वग़ैरह जड़े थे। लेकिन उसके जांनशीनों[12] को पसन्द नहीं आया।

मुहम्मद शाह ने उसे उठाकर नादिरशाह गड़ेरिये को दे दिया। वह ईरान ले गया और उसका खोपड़ा खा लिया।

शाहजहां का ज़माना अमन का ज़माना था। फिर भी उसने चन्द फ़ुतूहात[13] कर ही डालीं। तारीख़ों वाले लिखते हैं कि उस ज़माने में चोरी-चकारी न होती थी। रिश्वतख़ोरी भी न थी। ख़ुदा जाने उस ज़माने में अहले-कार[14] क्या खाते होंगे।

जहांगीर का मकबरा भी शाहजहां ने बनवाया था। यह क़ियास[15] करना ग़लत है कि शेरअफ़गन ने बनवाया होगा।

---

5. भवन निर्माण-कला 6. देर लगनेवाले 7. तीव्र गति 8. तो भी 9. विदेशी मुद्रा 10. स्वास्थ्यवर्धक वस्तुएँ 11. मिश्रण 12. उत्तराधिकारी 13. विजयें 14. कर्मचारी 15. अनुमान

सवालात

1. शाहजहां ने अगर लालकिला न बनवाया होता तो बहादुरशाह ज़फ़र मुशायरा वग़ैरह कहां कराया करते ?
2. क्या आपने क़रीब से ताजमहल देखा है ? अगर देखा है तो क्यों देखा है ? और नहीं देखा है तो क्यों नहीं देखा ?

आलमगीर बादशाह

शाह औरंगज़ेब आलमगीर बहुत लायक़ और मुतदय्यन[1] बादशाह था। दीन और दुनिया दोनों पर नज़र रखता था। उसने कभी कोई नमाज़ क़ज़ा[2] न की और किसी भाई को ज़िन्दा न छोड़ा। बाज़ लोग एतराज़ करते हैं मुवख़्ख़िरूज़्ज़िक्र[3] बात पर। हालांकि यह ज़रूरी था। उसके सब भाई नालायक थे, जैसे कि हर बादशाह के भाई होते हैं। नालायक न हों तो ख़ुद पहल करके बादशाह को क़त्ल न कर दें ?

बाज़ हिन्दू मुवर्रेख़ीन[4] ने आलमगीर के मुतअल्लिक़[5] बहुत ग़लतबयानियां की हैं। मसलन यही कि वह मुतअस्सिब[6] था। यह बिल्कुल ग़लत है। अगर मुतअस्सिब होता तो जो सुलूक अपने भाइयों से किया, वह हिन्दू राजाओं वग़ैरह से करता। तारीख़ से यह भी साबित है कि उसने कई मन्दिरों को जागीरें दी हुई थीं। मुतअस्सिब होता तो यही जागीरें मस्जिदों को देता। ये बात भी उसकी बे-तअस्सुबी के सुबूत में पेश की जा सकती है कि उसने हज़ारों मील दूर दकन जाकर अबुलहसन तानाशाह की सरकोबी[7] की। हालांकि वह दिल्ली की सल्तनत का ख़्वाहाँ न था। उसके मुक़ाबले में शिवाजी को दो बार बुलाकर पंजहज़ारी का मनसब दिया। बेशक वह भाग गया और बाग़ी हो गया। लेकिन ये उसका फ़ेल है।

आलमगीर की नेक-नफ़सी[8] के सुबूत में सिर्फ़ इतना लिखना काफ़ी है कि मुग़लों में यह वाहिद[9] बादशाह है कि रहमतुल्लाह-अलैह[10] कहलाता है। जितनी

---

1. धार्मिक 2. छोड़ी 3. अन्तिम 4. इतिहासकार 5. सम्बन्ध में 6. साम्प्रदायिक 7. दण्डित 8. पवित्रात्मा 9. अकेला 10. जिस पर ईश्वर की कृपा हो

किताबें उसकी सफ़ाई में लिखी गयी हैं किसी और बादशाह की सफ़ाई में नहीं लिखी गयीं।

शराब न पीता था, न पीने देता था। गाना न सुनता था, न सुनने देता था। तारीख़ों में आया है किं लोगों ने एक जनाज़ा तैयार किया और ले चले।

बादशाह ने पूछा, "यह किसका जनाज़ा है?"

लोगों ने कहा, "मौसीक़ी[11] का"।

आलमगीर रहमतुल्लाह-अलैह ने कहा, "इसको इतना गहरा दफ़न करना कि फिर न निकल सके।"

कभी-कभार पक्का गाना सुनते हुए या फ़िल्मी मौसीक़ी पर सर धुनते हुए हम सोचते हैं कि काश लोगों ने उस दानिशमन्द बादशाह की इस बात पर अमल किया होता। यानी ज़रा ज़्यादा गहरा दफ़न किया होता।

सिराजुद्दीन ज़फ़र बहादुरशाह

ये सलतनते-मुग़लिया के आख़िरी बादशाह थे। उनके पहुंचते-पहुंचते सल्तनत तो बाक़ी न रही, सिर्फ़ मुग़लिया रह गई। ये ज़फ़रुलमिल्लते-वालेदैन,[1] ज़िल्ले इलाही, बादशाहे-ग़ाजी; बहादुरशाह और इसके अलावा भी बहुत कुछ कहलाते थे। उस ज़माने का रिवाज़ था कि ज्यों ज्यों इलाक़ा और इख़तेयारात घटते जाते थे. आदाबो-अलक़ाब[2] बढ़ते जाते थे। वैसे इनके वालिद, शाह आलम की सल्तनत काफ़ी वसीअ[3] थी। दिल्ली से पालम तक फैली हुई थी। अंग्रेज़ों ने ले ली।

यह बादशाह सलामत हमारे दोस्त सिराजुद्दीन ज़फ़र के, जो 'ग़ेज़ालो-ग़ज़ल'[4] पर 'आदमजी इनाम'[5] पा चुके हैं, फ़क़त हमनाम ही न थे, उनकी तरह शायर भी थे। मौलवी मुहम्मद हुसैन आज़ाद ने, जो "ज़ौक़" के शागिर्द थे, लिखा है कि बादशाह मसरूफ़ियात की वजह से खुद नहीं लिख पाते थे। उस्ताद ज़ौक़ ग़ज़ल का

11. संगीत

1. माता-पिता के देश का विजेता 2. पदवियाँ एवं उपाधियाँ 3. विस्तृत 4. कविता संग्रह का नाम (शाब्दिक अथक हिरन एवं प्रेमिका से वार्तालाप) 5. पाकिस्तान का सर्वश्रेष्ठ साहित्यिक पुरस्कार

मसवदा बनाते थे, ये उसमें अपना तख़ल्लुस[6] डालकर अपने नाम से पढ़ देते थे। अगर यह सच है तो उस्ताद "ज़ौक़" बहुत ईसार-पेशा[7] आदमी थे। अच्छे-अच्छे शेर चुनकर बादशाह को दे देते थे, बुरे-बुरे अपने दीवान में शामिल करने के लिए रख लेते थे।

गालिब भी इन्हीं बादशाह के दरबार से वाबस्ता[8] थे, वज़ीफा पाते थे और दुआ देते थे। मुसाहिबी करते थे और इतराते थे। वरना शहर में उनकी कुछ आबरू न थी। नंगे फ़िरा करते थे और उधार खाते थे।

दुकानदारों ने इन्हीं के ज़माने में तख़तियां लगानी शुरू कीं –

"उधार बन्द है।"

"उधार माँग कर शर्मिन्दा न करें।"

"क़र्ज़ मुहब्बत की क़ैंची है" वग़ैरह।

ग़ालिब ने एक बार बादशाह को दुआ दी थी --

'तुम सलामत रहो हज़ार बरस
हर बरस के हों दिन पचास हज़ार'

उन्होंने यह हिसाब न लगाया कि ये तो एक लाख तीस हज़ार दो सौ अट्ठानवे साल बन जाते हैं। अच्छा हुआ कि उनकी दुआ क़ुबूल न हुई। शाही तो लद गई थी, बादशाह सलामत इतने दिन क्या करते? कहां से खाते?

महाराजा रंजीत सिंह

महाराजा रंजीत सिंह पंजाब के राजा थे और उनका नाम रंजीत सिंह था। इसीलिए उनको महाराजा रंजीत सिंह कहते हैं।

महाराजा रंजीत सिंह का इंसाफ़ मशहूर है। वैसे तो हिन्दुस्तान के सभी राजाओं का इंसाफ़ मशहूर है, लेकिन ये वाक़ई सबको एक आंख से देखते थे। सज़ा देने में मुज़रिम और ग़ैर मुज़रिम की तख़सीस[1] न बरतते थे। जो शख़्स कोई जुर्म न करता वह भी पकड़ा जाता था। फ़रमाते थे – इलाज से परहेज़ बेहतर है। इस वक़्त उस शख़्स को सज़ा न मिलती तो आगे चलकर ज़रूर कोई जुर्म करता।

---

6. उपनाम 7. त्यागी 8. सम्बद्ध

---

1. भेद 2. अनुसरण

बाद के हुक्मरानों ने उन्हीं की तक़लीद[2] में जुर्म न करने वाले को हिफ़्ज़े मातक़द्दम[3] के तौर पर सज़ा देने और जेल भेजने का उसूल इख़्तियार किया।

कभी कभी मुज़रिम को भी सज़ा देते हैं। अगर वह हाथ आ जाए और उसका वकील अच्छा न हो तो।

ठगी का इन्सेदाद[1] कैसे हुआ

जिस ज़माने का यह ज़िक्र है, उस ज़माने में ठगी बहुत हो गयी थी। ठग लोगों को राह चलते लूट लेते थे। आख़िर वालिए-मुल्क[2] ने मुहकमा-इन्सेदादे-ठगी[3] क़ायम किया। और यह क़ानून बनाया कि सब अम्माल[4] और अहले-कार[5] लूट के माल में हिस्सा वसूल किया करें।

लोगों की हिचकिचाहट दूर करने और हौसला बढ़ाने के लिए वाली ने ख़ुद हिस्सा लेना शुरू कर दिया। ठगों ने जब यह देखा कि हमारे पास तो कुछ बचता ही नहीं, बल्कि पल्ले से भी देने की नौबत आ गई है तो ठगी से तौबा की और रफ़्ता-रफ़्ता[6] उसका बिल्कुल इन्सेदाद हो गया।

---

3. पूर्व कृत्यों

---

1. उन्मूलन 2. शासक 3. ठगी उन्मूलक विभाग 4. कार्यकर्ता 5. कर्मचारी 6. धीरे-धीरे

शायरी

एक सबक़ ग्रामर का

लफ़्ज़ों के उल्ट-फेर के इल्म को ग्रामर कहते हैं। लफ़्ज़ों का मजमूआ जुमला (वाक्य) कहलाता है। ये मजमूआ ज़्यादा बड़ा और लम्बा हो जाय तो उसे 'मीर जुमला'[1] कहते हैं।

अब चूंकि जुमलेबाज़ी और फ़िकरेबाज़ी को लोग अच्छी नज़र से नहीं देखते इसलिए ग्रामर की तरफ़ लोगों की तवज्जोह कम हो गई है।

शायरी की ग्रामर को अरूज़[2] कहते हैं। पुराने लोग अरूज़ के बग़ैर शायरी नहीं किया करते थे। आजकल किसी शायर के सामने अरूज़ का नाम लीजिए तो पूछता है, "वह क्या चीज़ होती है ?" हमने एक शायर के सामने इज़ाफ़ात[3] का नाम लिया, बोले – ख़ुराफ़ात ? मुझे ख़ुराफ़ात पसन्द नहीं। बस मेरी ग़ज़ल सुनिये और जाइये।

अरूज़ में बहरें[4] होती हैं, जिनमें बाज़ बहुत गहरी होती हैं। नौमश्क़[5] अक्सर उनमें डूब जाते हैं। इसीलिए एहतियातपसन्द लोग शायरी और अरूज़ के पास नहीं जाते। उम्र भर नस्र[6] लिखते रहते हैं।

लफ़्ज़ और सीग़े (शब्द और रूप)

पुराने ज़माने में तज़कीरो-तानीस[7] के क़ायदे मुक़र्रर थे। कायदा याद न हो तो लिबास और बालों वग़ैरह से पहचान हो जाती थी। अब मुख़ातब से (सामने वाले से) पूछना पड़ता है कि तू मुज़क्कर[8] है या मुअन्नस[9], और बता तेरी रज़ा[10] क्या है ? उसके बाद उससे

1. मुख्य वाक्य 2. छन्दशास्त्र 3. कारकों 4. छन्द (दूसरा अर्थ समुद्र) 5. नौसिखिया 6. गद्य 7. पुल्लिंग एवं स्त्रीलिंग 8. पुल्लिंग 9. स्त्रीलिंग 10. इच्छा

पुलिंग
?

सही सीगे में गुफ़्तगू करते हैं, या ईरान हो तो उसके साथ सीगा[11] करते हैं।

बहुत से वाहिद (एक) एक जगह इकट्ठे हों तो जमा (बहुवचन) के सीगे में आ जाते हैं। जमा के सीगे में थोड़ी एहतियात ज़रूरी है। ख़ुसूसन जिन दिनों शहर में दफ़ा 144 लगी हुई हो तो उन दिनों जमा नहीं होना चाहिए, वाहिद रहना ही अच्छा है।

फ़ेले-माज़ी (भूतकाल)

माज़ी[12] में किसी शख़्स ने जो फ़ेल[13] किया हो उसे फ़ेले-माज़ी कहते हैं। करनेवाला उसे उमूमन भूलने की कोशिश करता है, लेकिन लोग नहीं भूलते।

माज़ी की कई क़िस्में मशहूर हैं। सबसे मशहूर 'शानदार माज़ी' है। जिस क़ौम को अपना मुस्तक़बिल[14] ठीक नज़र न आए वह इस सीगे को बहुत इस्तेमाल करती है।

एक 'माज़ी शक्कीया'[15] है। जिन लोगों का माज़ी मशकूक[16] हो वह माज़ी शक्कीया के ज़ैल[17] में आते हैं। उमूमन हाथों-हाथ लिये जाते हैं।

'माज़ी शर्ती' या 'माज़ी तमन्नाई'

जिन लोगों ने रेस में या ताश की बाज़ी में अपना माज़ी तबाह किया हो या किसी और तरह की शर्तें बद-बदकर माज़ी गुज़ारा हो, उनके माज़ी को 'शर्ती' कहते हैं। चूंकि इन लोगों की तमन्ना होती है कि और पैसे आयें तो उनको भी रेस में लगाएं, इसलिए 'शर्ती' और 'तमन्नाई' दोनों माज़ियां साथ-साथ आती हैं।

माज़ी की दो और क़िस्में – 'माज़ी क़रीब' और 'माज़ी बईद'[18] हैं। माज़ी को हत्तलवसा[19] क़रीब न आने देना चाहिए, जितनी बईद रहेगी और जितने उसपर परदे पड़े रहेंगे उतनी ही भली मालूम होगी। माज़ी का बईद रहना मुस्तक़बिल के लिए भी अच्छा है।

फ़ेले-मुस्तक़बिल (भविष्यत् काल)

जो लोग आज का काम कल पर टालते हों उनके हर फ़ेल को 'फ़ेले-मुस्तक़बिल' कहा

11. शीओं का ब्याह 12. अतीत 13. कृत्य 14. भविष्य 15. सन्देहास्पद अतीत 16. सन्देहों से भरा 17. परिधि 18. दूर का अतीत 19. जहाँ तक हो सके

जाता है। मैं यह करूंगा, मैं वह करूंगा – फ़ेले-मुस्तक़बिल की ही मिसालें हैं। इलेक्शन वग़ैरह के दिनों में सारी गुफ़्तगू उमूमन फ़ेले-मुस्तक़बिल के सीग़ों ही में की जाती है।

फ़ेल की दीगर क़िस्में

फ़ेल की बुनियादी क़िस्में दो हैं। 'जायज़ फ़ेल'[20] , 'नाजायज़ फेल'[21] । हम सिर्फ़ जायज़ क़िस्म के अफ़आल[22] से बहस करेंगे। क्योंकि क़िस्मे – दोएम पर पंडित आंजहांनी[23] और जनाब जोश मलीहाबादी मबसूत[24] किताबें लिख चुके हैं।

फ़ेल की दो क़िस्में 'फ़ेले-लाज़िम' और 'फ़ेले मुतअद्दी'[25] भी हैं। फ़ेले-लाज़िम वह है जो करना लाज़िम हो। मसलन अफ़सर की ख़ुशामद, हुकूमत से डरना, बीवी से झूठ बोलना। फ़ेले-मुतअद्दी उमूमन मुतअद्दी अमराज़ (रोगों) की तरह फैल जाता है। एक शख़्स कुनबा-परवरी करता है, दूसरे भी करते हैं। एक रिश्वत लेता है, दूसरे भी लेते हैं, बल्कि और बढ़कर लेते हैं। एक वनस्पति घी का डिब्बा पच्चीस रुपये में कर देता है तो दूसरा गोश्त के साढ़े बारह रुपये लगा लेता है।

लुत्फ़ ये है कि दोनों अपने फ़ेल-मुतअद्दी को फ़ेले लाज़िम क़रार देते हैं। उनके अफआल में घाटे में सिर्फ़ मफ़अल[26] रहता है। यानी अवाम फ़ाएल[27] की शिकायत करें तो वह फ़ाइल में दब जाती है।

फ़ेले-हाल (वर्तमान काल)

यह भी दो तरह का होता है। 'अच्छा हाल' और 'बुरा हाल'। बीमार का हाल उमूमन बुरा हाल होता है। लेकिन उनके देखे से जो मुंह पर रौनक़ आ जाती है, तो वह समझता है कि हाल अच्छा है।

'उन' हर्फ़े-इशारा है[28] । यह इशारा महबूब की तरफ़ है।

अज़ीज़ तालिबइल्मों ! तुम अपने महबूब की तरफ़ या महबूब से इशारा कर सकते हो, लेकिन अपनी ज़िम्मेदारी पर।

---

20. सत्कर्म 21. कुकर्म 22. कृत्यों 23. स्वर्गीय 24. ढेरों 25. हद से ज़्यादा बढ़ जानेवाला 26. कर्म (object) 27. कर्ता 28. संकेत वाचक सर्वनाम

1+1 = 11

रियाज़ी के क़ायदे

(गणित के सिद्धान्त)

इब्तेदाई हिसाब[1]

हिसाब के चार बड़े क़ायदे हैं –

1. जमा (जोड़)
2. तफ़रीक़ (घटाना)
3. ज़र्ब (गुणा)
4. तक़सीम (भाग)

1. जमा (जोड़)

जमा के क़ायदे पर अमल करना आसान नहीं।
ख़ुसूसन महंगाई के दिनों में।
सबकुछ ख़र्च हो जाता है।
कुछ जमा नहीं हो पाता।
जमा का क़ायदा मुख़तलिफ़ लोगों के लिए मुख़तलिफ़ है।
आम लोगों के लिए 1+1 = 1½
क्योंकि 1/2 इन्कमटैक्स वाले ले जाते हैं।
तिजारत के क़ायदे से जमा करें तो 1+1 का मतलब है ग्यारह।
रिश्वत के क़ायदे से हासिलेजमा और ज्यादा होता है।
क़ायदा वही अच्छा है जिसमें हासिले-जमा ज़्यादा से ज़्यादा आए, बशर्ते कि पुलिस, माने[2] न हो।

1. प्रारम्भिक गणित 2. बाधा

एक क़ायदा ज़बानी जमा खर्च का होता है। यह मुल्क के मसाइल [3] हल करने के काम में आता है। आज़मूदा [4] है।

2. तफ़रीक़ (घटाना)

मैं सिंधी हूं, तू सिंधी नहीं है।
मैं बंगाली हूं, तू बंगाली नहीं है।
मैं मुसलमान हूं, तू मुसलमान नहीं है।
इसको तफ़रीक़[5] पैदा करना कहते हैं।
हिसाब का यह क़ायदा भी क़दीम ज़माने[6] से चला आ रहा है।

तफ़रीक़ का एक मतलब है मिन्हा करना।
यानी निकालना एक अदद में से दूसरे अदद को।
बाज़ अदद अज़ख़ुद [7] निकल जाते हैं।
बाज़ों को ज़बरदस्ती निकालना पड़ता है।
डंडे मारकर निकालना पड़ता है।
फ़तवे देकर निकालना पड़ता है।

एक बात याद रखिए
जो लोग ज़्यादा जमा कर लेते हैं,
वही ज़्यादा तफ़रीक़ भी करते हैं।
इंसान और इंसानों में,
मुसलमान और मुसलमानों में।

आम लोग तफ़रीक़ के क़ायदे को पसन्द नहीं करते और समझदार लोग इससे नफ़रत करते हैं। क्योंकि हासिले-तफ़रीक [8] कुछ नहीं आता।
आदमी हाथ मलता रह जाता है।

---

3. समस्याएँ 4. आज़माया हुआ 5. घटाना, भेद 6. प्राचीनकाल 7. अपने-आप 8. घटाने का या भेद का परिणाम

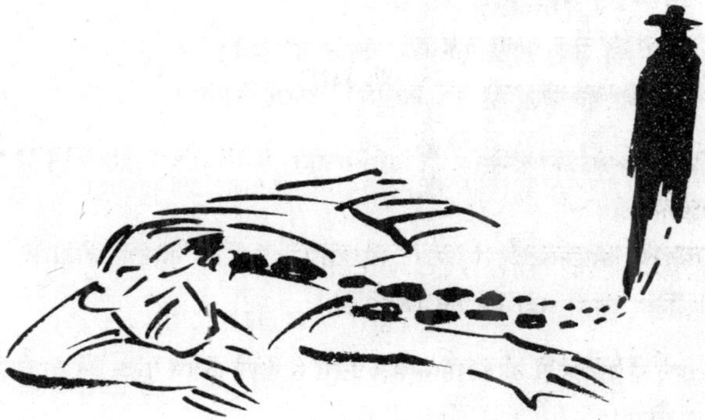

3. ज़र्ब (गुणा)

तीसरा क़ायदा ज़र्ब का है।
ज़र्ब की क़िस्में कई हैं।
मसलन ज़र्बे ख़फ़ीफ़,[9] ज़र्बे शदीद,[10] ज़र्बे कारी[11] वगैरा।
ज़र्ब[12] की एक और क़िस्म भी है।
पत्थर की ज़र्ब, लाठी की ज़र्ब, बन्दूक़ की ज़र्ब।
अल्लामा इक़बाल की ज़र्बे-कलीम[13] इनके इलावा है।

हासिले-ज़र्ब का इन्हेसार[14] इसपर होता है कि ज़र्ब किस चीज़ से दी गई है या लगाई है।
आदमी को आदमी से ज़र्ब दें तो हासिले-ज़र्ब भी आदमी होता है।
लेकिन ज़रूरी नहीं कि वह ज़िन्दा हो।

ज़र्ब के क़ायदे से कोई सवाल हल करने से पहले अपने मुल्क की ताज़ीरात[15] पढ़ लेनी चाहिए।

4. तकसीम (भाग)

यह हिसाब का बड़ा ज़रूरी क़ायदा है। सब से ज़्यादा झगड़े इसी पर होते हैं।
तक़सीम का मतलब है बांटना।
अंधों का आपस में रेवड़ियां बांटना।
बन्दर का बिल्लियों में रोटी बांटना।
चोरों का आपस में माल बांटना।
अहेलकारों का आपस में रिश्वत बांटना।

मिल बांट कर खाना अच्छा होता है।
दाल तक जूतों में बांटकर खानी चाहिए।
वरना क़ब्ज़ करती है।

---

9. लघु 10. दीर्घ 11. कारगर 12. जहाँ ज़र्ब का अर्थ है मारना 13. एक कविता, शाब्दिक अर्थ है — बात करनेवाले की मार 14. निर्भरता 15. दण्ड संहिता

भा
+ इकाना
+ हौर
ल्रवेत
लटैन

तक़सीम का तरीक़ा कुछ मुश्किल नहीं है।
हुक़ूक़[16] अपने पास रखिए।
फ़राएज़[17] दूसरों में बांट दीजिए।
रुपया पैसा अपने कीसे[18] में डालिए।
क़िनाअत[19] की तस्कीन[20] दूसरों को दीजिए।

आपको मुकम्मल पहाड़ा मय गुर याद हो,
तो किसी को तक़सीम की कानों-कान ख़बर नहीं हो सकती।
आख़िर को बारह करोड़ की दौलत को बाईस ख़ानदानों ने आपस में तक़सीम किया ही है।
किसी को पता चला?

सवालात

1. तफ़रीक़ के क़ायदे से दूध में से मक्खी निकलो।
2. आदमी ज़र्बे-मुसलसल[21] की ताब[22] कहां तक ला सकता है? अमली तौर पर बताओ।
3. जो अन्धे नहीं वह भी रेवड़ियां अपनों ही में क्यों बांटते हैं?

नोट :- घबराइये नहीं, अगर आप सवालात हल न कर सके तब भी नम्बर पूरे ही मिलेंगे।

इब्तेदाई अल्जबरा[1]

यह भी एक क़िस्म का हिसाब है। चूंकि तालिबइल्म इससे घबराते हैं और यह जबरन पढ़ाया जाता है इसीलिए अल्जबरा कहलाता है।

हिसाब आदाद[2] का खेल है, अल्जबरा हरफ़ों[3] का। इनमें सबसे मशहूर हर्फ़ 'ला' है जिसे ला कहते हैं। इसके कुछ मानी नहीं, बल्कि ये ऐसा है कि किसी और लफ़्ज

16. अधिकार 17. कर्त्तव्य 18. जेब 19. सन्तोष 20. ढाढ़स 21. निरन्तर प्रहार 22. सहनशीलता

1. प्रारम्भिक बीजगणित 2. संख्याओं 3. अक्षरों

के साथ लग जाए तो उसके मानी भी सलब[4] कर लेता है। जिस तरह लामकान, ला दवा, लावलद वग़ैरह। बाज़ मुस्तसनियात[5] भी हैं, मसलन लाहौर, लाड़काना, लालटैन और लालूखेत वग़ैरह। अगर इन लफ़्ज़ों के साथ 'ला' न हो तो, हौर, डकाना, लटैन और लूखेत के कुछ मानी न निकलें।

आज़माए को आज़माना जह्ल[6] कहते हैं, लेकिन अल्जबरा में आज़माए को ही आज़माते हैं। अच्छे-खासे पढ़े-लिखों को नये सिरे से अलिफ़, बे, जीम सिखाते हैं, बल्कि उनके मुरब्बे[7] भी निकलवाते हैं।

अल्जबरा का हमारी तालिबइल्मी के ज़माने में कोई खास मसरफ़ न था। उससे सिर्फ़ तुलबा[8] को फ़ेल करने का काम लिया जाता था। लेकिन आजकल ये अमली ज़िन्दगी में खासा इस्तेमाल होता है। दूकानदार और गुज़ागर[9] इस क़ायदे को ज़्यादा इस्तेमाल करते हैं।

पैसा ला .... ला .... और ... ला ....।

बाज़ रिश्तों में अल्जबरा यानी जब्र[10] का शाएबा[11] होता है, जैसे मदरइनला, फ़ादरइनला वग़ैरह। मारशलला को भी अल्जबरे ही का एक क़ाएदा समझना चाहिए।

सवालात

1. 'ला' का मुरब्बा डालो। बोतल में डालोगे या मर्तबान में?
2. लाला लालचन्द को ला से तक़सीम करो।

इब्तेदाई ज्योमेटरी (प्रारम्भिक रेखागणित)

ज्योमेटरी लकीरों का खेल है। उलमाए ज्योमेटरी[1] को हम लकीर के फ़कीर कह सकते हैं। दुनियां ने इतनी तरक़्क़ी कर ली है। हर चीज़ ब-शुमूले-साइंस[2] और महंगाई कहाँ से कहाँ पहुँच गई। लेकिन ज्योमेटरी वालों के हां[3] अब तक जा-वियए-क़ाएमा[4]

4. छीन लेना 5. जिनसे कोई चीज़ अलग कर ली जाय 6. मूर्खता 7. वर्गमूल 8. विद्यार्थियों 9. व्यापारी 10. अत्याचार 11. मिलावट

1. रेखागणित के विद्वानों 2. विज्ञान की बढ़ोतरी 3. यहाँ 4. कोण

रेखा
क्रेज़
बुक

90 दर्जे का होता है और मुसल्लस[5] के अन्दरूनी जावियों का मजमूआ[6] 180 दर्जे से तजावुज़[7] नहीं कर पाया। अमरीका और रूस हर मामले में लड़ते हैं, लेकिन इस मामले में मिली-भगत है। हम अपने मुल्क में अपनी पसन्द का निज़ाम लाएंगे तो अपनी असेम्बली में एक क़ानून बनाएंगे, चन्द दर्जे ज़रूर बढ़ायेंगे। मुस्ततील[8] भी जैसी पुराने ज़माने में चौरस होती थी वैसी ही आजकल है। किसी को यह तौफ़ीक़ तक न हुई कि इसके चार से पाँच या छः ज़िले[9] कर दे। एक आध फालतू रहे तो अच्छा ही है। मग़रिबी पाकिस्तान के ज़िलों में हम रद्दोबदल कर सकते हैं तो मुस्ततील वग़ैरह के ज़िलों में क्यों नहीं कर सकते ?

ज्योमेटरी में बुनियादी चीज़ें हैं, ख़त[10] , नुक़्ता[11] , दायरा[12] और मुसल्लस[13] वग़ैरह। अब हम उनका थोड़ा-थोड़ा हाल लिखते हैं।

ख़त (रेखा)

ख़त की कई क़िस्में है —

ख़ते-मुस्तक़ीम[14] – यह बिल्कुल सीधा होता है, इसलिए अकसर नुक़सान उठाता है। सीधे आदमी भी नुक़सान उठाते हैं।

ख़ते-मिनहनी[15] – यह टेढ़ा होता है, बिल्कुल खीर की तरह। लेकिन इसमें मीठा नहीं डाला जाता।

ख़ते-तक़दीर[16] – इसे फ़रिश्ते पक्की सियाही से खींचते हैं। यह मुस्तक़ीम[17] भी होता है मिनहनी[18] भी। इसका मिटाना मुश्किल है।

ख़त-शिकस्ता[19]– यह वह ख़त है जिसमें डाक्टर वग़ैरह नुस्ख़े लिखते हैं। तभी तो आजकल लोग उतने बीमारियों से नहीं मरते जितने ग़लत दवाओं के इस्तेमाल से मरते हैं।

---

5. त्रिभुज 6. जोड़ 7. बढ़ना 8. चतुर्भुज 9. भुजाएँ 10. रेखा 11. बिन्दु 12. वृत्त 13. त्रिभुज 14. ऋजु रेखा 15. वक्र रेखा 16. भाग्य रेखा 17. सीधा 18. टेढ़ा 19 खराब लिखावट

ख़त[20] की दो और मशहूर क़िस्में

1. **हसीनों के खुतूत—** यह दो तरह के होते हैं। एक वह जिनमें दूर बहुत दूर उफ़क़[21] के पार जाने का ज़िक्र होता है। जहाँ ज़ालिम समाज न पहुँच सके। ये तस्वीरे-बुतां[22] के साथ इस्तेमाल होते हैं। दूसरे वह जो हसीनों के चेहरे पर होते हैं और जिनको छिपाने के लिए हर साल करोड़ों रुपयों की क्रीमें, लोशन, पाउडर वग़ैरा सर्फ़ किये जाते हैं।

एक ख़त पुराने उर्दू शुअरा के माशूक़ों के चेहरे पर आया करता था, जिसके बाद आशिक़ को यह दूसरी क़िस्म के ख़त बल्कि रजिस्ट्री लिफ़ाफ़े आने शुरू हो जाते थे।

किसी शायर का शेर है—

अब जो ख़त आने लगा शायद कि ख़त आने लगा।

2. **मुतवाज़ी[23] खुतूत—** यह वैसे तो आमने-सामने होते है लेकिन तअल्लुक़ात निहायत कशीदा। इनको कितना भी लम्बा खींचकर ले जाइये ये कभी आपस में नहीं मिलते। किताबों में यही लिखा है। लेकिन हमारे ख़्याल में इनको मिलाने की कोई संजीदा कोशिश भी कभी नहीं की गई। आजकल बड़े-बड़े नामुमकिनात को मुमकिन बना दिया गया है, ये तो किस शुमारोक़तार में हैं।

3. **नुक़ता** – नुक़ता यानी बिन्दी, यानी प्वाइंट। ये महज़ किसी जगह की निशानदेही के लिए होता है। ज्यामेटरी की किताबों में आया है कि नुक़ता जगह नहीं घेरता। एक आध नुक़ते की हद तक यह बात सही होगी, लेकिन चार नुक़तों से तो आप सारा हिन्दुस्तान घेर सकते हैं।

दायरा (वृत्त)

दायरे छोटे-बड़े हर क़िस्म के होते है। लेकिन यह अजीब बात है कि क़रीब-क़रीब सभी गोल होते हैं। एक और अजीब बात है कि इनमें क़तर[24] की लम्बाई हमेशा निस्फ़ क़तर[25] से दोगुनी होती है। ज्योमेटरी में इसकी कोई वजह नहीं लिखी गई है। जो पुराने

20. यहाँ अर्थ लिया गया है पत्र से 21. क्षितिज 22. एक शे'र की ओर इशारा है 23. समानान्तर 24. वृत्त को दो भागों में बाँटनेवाली रेखा 25. त्रिज्या

राजनीति
धर्म
जाति

ज़माने में फ़ैसला कर दिया अब तक चला आ रहा है।

एक दायरा इस्लाम का दायरा कहलाता है। पहले इस दायरे में लोगों को दाख़िल किया करते थे। लेकिन आजकल दाख़िला मम्नूअ[26] है, सिर्फ़ ख़ारिज करते हैं।

मुसल्लस (त्रिभुज)

तिकोन के तीन कोने होते हैं। चार कोनोंवाली भी होती होंगी, लेकिन हमारे मुल्क़ में नहीं पायी जातीं। कम-अज़-कम हमारी नज़र से नहीं गुज़रीं।

मुसल्लसें कई तरह की होती हैं। मसलन इश्क़ की मुसल्लस, यानी आशिक़, महबूब और रक़ीब[27] । फ़िल्म में भी यही मुसल्लस होती है, लेकिन वहां इन तीनों को पैसे मिलते हैं। रक़ाबत, रक़ाबत से लेकर शादी तक फिल्मसाज़ के ख़र्च पर होती है।

सवालात

1. ख़ते-नस्तालीक़[28] , ख़ते-उस्तोवा[29] और ख़ते-वहदानी[30] में क्या फ़र्क है ?
2. मुसल्लस के चारों इजलाअ[31] बराबर क्यों नहीं होते ?
3. सब्ज़ए-ख़त[32] पर कितने पैसे के डाक टिकट लगते हैं ?

---

26. निषेध 27. प्रतिद्वन्द्वी 28. उर्दू-फ़ारसी की लिखावट 29. भूमध्य रेखा 30. भाग्य रेखा 31. भुजाएँ 32. हरे रंग के पत्र

इब्तेदाई साइंस

दूध

माद्दे की क़िस्में

माद्दे[1] की तीन क़िस्में हैं।

1. ठोस
2. मायअ (द्रव)
3. गैस

1. ठोस

ठोस का मतलब है ठोस। जैसे ठोस दलाएल[2] , ठोस एक़दामात[3] ठोस नताएज[4] वग़ैरा।

ठोस दलाएल ऐसे दावों के लिए लाये जाते हैं जो खुद कमज़ोर हों। सब से ठोस दलील अबतक लाठी ही साबित हुई है, भैंसों के लिए भी, इन्सानों के लिए भी।

ठोस एक़दामात इतने ठोस होते हैं कि कभी नहीं किये जाते। बस हुकूमतें उनके ठोस वादे किया करती हैं। ठोस नतीजा यह निकलता है कि ऐसी हुकूमतें बहुत दिन नहीं रहतीं।

ठोस अश्या[5] अपनी शक्ल नहीं बदलतीं, हां दूसरों की बदल देती हैं। पत्थर ठोस है, जैसा है वैसा ही रहता है। लेकिन किसी आदमी को लगे तो वह कैसा ठोस क्यों न हो उसमें से मायअ[6] और गैस वग़ैरा निकलने लगते हैं। मायअ--आंसू, गैस– जैसे आहें, गालियां वग़ैरा।

---

1. पदार्थ 2. दलीलें 3. क़दम 4. फैसले 5. चीज़ें 6. द्रव

2. मायअ (द्रव)

मायअ का मतलब आप जानते ही हैं लिहाज़ा तफ़सील में जाने की ज़रूरत नहीं। पानी भी मायअ है और दूध भी मायअ है। इसीलिए मसल मशहूर है कि माया को माया मिले कर कर लम्बे हाथ। बाज़ औक़ात मायअ को मायअ में मिलाने का नतीजा बड़ा ठोस निकलता है। चुनांचे बाज़ ग्वालों ने इसी फ़ारमूले पर अमल करके बड़े-बड़े मकान खड़े कर लिए हैं।

यह क़ौल भी दूधवालों पर ही सादिक़[7] आता है। माया तेरे तीन नाम परसा, परसू, परसू, परसराम।

बाज़ औक़ात ठोस से ठोस टकराकर भी मायअ हासिल करते हैं। मसलन भैंस को डण्डे टकराए जायें तो मायअ देती है, वरना नहीं देती।

मायअ को सय्याल[8] भी कहते हैं, जैसे आतिशे-सय्याल, हीरे-सय्याल वग़ैरा।

3. गैस

गैस का मतलब भी हमारे अजीज़ तालिबइल्मों से मख़फ़ी[9] न होगा। जिसे देखो इसकी शिकायत लिए फिरता है। यहाँ हम इसके लिए एक आज़मूदा नुस्ख़ा दर्ज करते हैं।

अजवाइन, काला नमक, कलौंजी और अतरीफ़ल हम-वज़्न[10] लीजिए। इन्शाअल्लाह तआला फायदा होगा। सोडा वाटर भी मुफ़ीद है।

सुना है कि गर्मियां आती हैं तो मुहकमा वाटर सप्लाई पानी के नलकों में गैस सप्लाई करने लगता है। शायद इसीलिए लोग गुसलख़ानों में रोटी पकाते हैं और बावर्ची-खानों में नहाते देखे गए हैं, लेकिन पसीने में।

हरारत (गर्मी)

हरारत का मतलब है गर्मी। गर्मी का लफ़्ज़ आसान है। इसे इस्तेमाल करें तो ख़तरा है कि तालिबइल्मों की समझ में आ जाएगा और तालीम का मक़सद फ़ौत[11] हो जाएगा। इस्तेलाहे[12] बमुश्किल ही अच्छी लगती हैं। अंग्रेज़ी ज़रीअए – तालीम[13] को बदलने में भी हिचकिचाहट और ताख़ीर इसी वजह से है।

---

7. सही 8. प्रवाह 9. अजाना 10. बराबर 11. व्यर्थ 12. सुझाव 13. शिक्षा माध्यम

हरारत नापने का आला थरमामीटर कहलाता है। ज्यों-ज्यों हरारत बढ़ेगी उसका पारा चढ़ता जाएगा। आदमी भी इसी उसूल पर काम करता है। पैसे वाले ग़रीबों के मुतालिबात[14] सुनते हैं, गर्मी खाते हैं और उनका पारा चढ़ जाता है।

हरारत से चीज़ें फैलती हैं, इसकी बहुत-सी मिसालें हैं। एक आप भी जानते होंगे कि जबतक किसी की मुट्ठी गर्म न की जाए, काम नहीं करता।

कशिश के उसूल (आकर्षण के सिद्धान्त)

कशिश कई तरह की होती है। पैसे की कशिश, कुर्सी की कशिश, जिन्सी कशिश वग़ैरा। दुनिया के सारे कारोबार और कौम की बेलौस ख़िदमतें पहली दो कशिशों के बाइस[15] हैं। तीसरी कशिश आजकल नाविलों और फिल्मों में पड़ती है। उसे डालने के बाद उन चीज़ों में और कुछ यानी कहानी और प्लाट तक डालने की ज़रूरत नहीं।

कशिशे-सिक्ल (गुरुत्वाकर्षण)

यह न्यूटन ने दरयाफ़्त की थी। ग़ालेबन उससे पहले नहीं होती थी। न्यूटन उससे दरख़्तों से सेब गिराया करता था। आजकल सीढ़ी पर चढ़कर तोड़ लेते हैं। आपने देखा होगा कि कोई शख़्स हुकूमत की कुर्सी पर बैठ जाए तो उसके लिए उठना मुश्किल हो जाता है। लोग ज़बरदस्ती उठाते हैं। यह भी कशिशे-सिक्ल के बाइस है।

कशिशे-अनाबीबे-शेरी

अनाबीब अनब की जमा है। यह अरबी का लफ़्ज़ है जिसके मानी हमें नहीं आते। कशिश का मतलब कशिश, शेरी का मतलब शेरी।

यह शायद उस कशिश का नाम है जिसके बल पर लोग मुशायरों में खिंचे चले आते हैं। लेकिन हम यक़ीन से नहीं कह सकते। सिर्फ़ नाम से अन्दाज़ा होता है। कशिशे-अनाबीबे-शेरी-ग़ज़ल के शेर में कशिश। वैसे यह भी मुमकिन नहीं हैं कि यह हमारे दोस्त अब्दुल अज़ीज़ ख़ालिद[16] के किसी मज्मूए[17] का नाम हो।

---

14. इच्छाएँ 15. कारण 16. पाकिस्तानी साहित्यकार 17. संग्रह

पानी

पानी कई तरह का होता है।

बारिश का पानी

नल का पानी

कोका कोला

ग्राइप वाटर

सेवेन अप

गोल्ड स्पॉट

आँख का पानी

चुल्लू भर पानी

किसी जमाने मे हमारे यहाँ हिन्दु पानी और मुसलमान पानी भी होता था। अब शायद नहीं होता।

पानी बड़े काम की चीज़ है। लेकिन इसमें एक ख़राबी है। यह अपनी सतह हमवार रखता है। जब हम स्कूल में पढ़ा करते थे तब भी हमें उसपर यही एतराज़ था। उसकी देखादेखी लोग सोचने लगे हैं कि इंसानों को भी अपनी सतह हमवार रखनी चाहिए। यह ग़लत बात है। पानी पानी है, इंसान इंसान है।

हमारे साइंसदां आजकल बड़े-बड़े दस्तख़तों से लम्बे-लम्बे बयान निकाल रहे हैं ताकि यह रूझान न फैले। उन्हें चाहिए कि पानी को समझाएं कि मियां तू भी अपनी सतह ऊँची-नीची रखा कर। ऊँच-नीच में बड़े-बड़े फ़ायदे हैं। सतह हमवार रखने से क्या हासिल? कुछ आक़िबत[18] की भी फ़िक्र है तुझे?

कभी-कभी तो इतनी बारिश होती है कि आदमी तो क्या सारा शहर पानी पानी हो जाता है। सिवाय कारपोरेशन और इन्तेज़ामिया[19] के। और कभी-कभी बारिश के बजाए क़लन्दर की बात से भी ऐसा ही हो जाता है।

---

18. परलाक   19. व्यवस्था

रौशनी

रौशनी बड़ी अच्छी चीज़ है, सिवाए रौशनीये-तबअ[20] के जो बला भी हो जाती है। रौशनी पैदा करने के कई ज़राए[21] हैं। मोमबत्ती, बल्ब, लालटैन और सूरज वग़ैरा।

सूरज रौशनी तो खूब देता है, लेकिन दिन में उसका निकलना बेफ़ायदा है। दिन में तो वैसे भी रौशनी होती है। रात को निकला करता तो अच्छा था।

रौशनी का एक मसरफ यह है कि उसपर परवाने आते है और परवानावार निसार होते हैं। शमएं न होतीं तो परवानों के लिए भी फेमिली प्लानिंग का मुहकमा खोलना पड़ता।

रौशनी की रफ़्तार एक लाख छियासी हज़ार मील फ़ी घण्टा है। अंधेरे की रफ़्तार कभी नापी नहीं गई। आप उसकी रफ़्तार रौशनी की रफ़्तार से कुछ ज़्यादा ही समझिए।

अंधेरे को तारीकी भी कहते हैं और ज़ुल्मात भी। बहरे-ज़ुल्मात एक समुन्दर है, जिससे अल्लामा इक़बाल के बयान के मुताबिक़ पुराने ज़माने के मुसलमान रेस कोर्स का काम लिया करते थे। यांनी उनमें घोड़े दौड़ाते थे[22] ।

सवालात

1. हमारे मुहल्ले की सड़कों पर हमेशा अंधेरा रहता है। उसकी वजह पर रौशनी डालो।
2. पानी के जोश में आने का दर्जा 100 सेन्टीग्रेड है, इंसान के जोश में आने का दर्जा क्या है ?
3. हज़रत जोश मलीहाबादी का दर्जए-हरारत[23] भी सही-सही बताने की कोशिश करो।
4. वह कशिश कौन-सी होती है जिससे सरकारें कच्चे धागे में बंधी आती हैं।

---

20. आदत 21. माध्यम 22. अल्लामा इक़बाल की एक पंक्ति है : बह्रे-ज़ुल्मात में दौड़ा दिये घोड़े हमने।' उसी की ओर संकेत है।सं. 23. गर्मी का दर्जा

दूसरी दफ़ा का ज़िक्र है

चिड़ा और चिड़िया

एक थी चिड़िया
एक था चिड़ा
चिड़िया लाई दाल का दाना
चिड़ा लाया चावल का दाना
दोनों ने मिलकर खिचड़ी पकाई
दोनों ने पेट भर खाई।

आपस में इत्तेफ़ाक़[1] हो तो एक-एक दाने की खिचड़ी बहुत होती है।

चिड़ा बैठा ऊंघ रहा था कि उसके दिल में वसवसा आया, कि चावल का दाना बड़ा होता है, दाल का दाना छोटा होता है।

पस दूसरे दिन खिचड़ी पकी तो चिड़े ने कहा – इसमें से छप्पन हिस्से मुझे दे चव्वालिस हिस्से तू ले। ऐ भागवान ! पसन्द कर या नापसन्द कर, हक़ाएक़ से आँख मत बन्द कर।

चिड़े ने अपनी चोंच में से भी चन्द कलमात[2] निकाले और उस बीबी के आगे डाले।

बीबी हुई हैरान। बल्कि रो-रोकर हलकान भी हुई कि इसके साथ तो मेरा जनम का साथ था, लेकिन क्या कर सकती थी ?

---

1. सहमति 2. बातें

दूसरे दिन
फिर चिड़िया दाल का दाना लाई
और
चिड़ा लाया चावल का दाना।
दोनों ने अलग-अलग हंडिया चढ़ाई।
खिचड़ी न पकाई।

क्या देखते हैं कि दो ही दाने हैं।
चिड़े ने चावल का दाना खाया।
चिड़िया ने दाल का दाना उठाया।
चिड़े को ख़ाली चावल से पेंचिश हो गयी।
चिड़िया को ख़ाली दाल से क़ब्ज़ हो गया।
दोनों एक हकीम के पास गए।
हकीम एक बिल्ला था।
उसने दोनों के सरों पर शफ़क़त[3] से हाथ फेरा और फेरता ही चला गया।
फिर······?
देखा तो थे यकमुश्त[4] पर[5] ।

यह कहानी बहुत पुराने ज़माने की हैं। आजकल तो चावल एक्सपोर्ट हो जाता है और दाल महंगी है।

इतनी महंगी कि वह लड़कियाँ जो इस्माईल मेरठी[6] की किताबों में दाल बघारा करती थीं, आजकल शेखियां ही बघारती है।

गुरु और चेले[1]

एक था गुरु। बड़ा नेक, धर्मात्मा। दो उसके चेले थे, वफ़ादार, जांनिसार। गुरु के ख़ून की जगह अपना पसीना गिराने के लिए हमवक़्त[2] तैयार।

---

3. स्नेह 4. मुट्ठी भर 5. पख 6. उर्दू की प्रारम्भिक पाठ्य पुस्तकों के रचयिता – स

1. यह कहानी उर्दू की किताब में बग़ैर शीर्षक के दी हुई है 2. हर समय

एक का नाम पूर्बूमल था, दूसरे का पच्छिमीचन्द। गुरुजी जब लोगों को उपदेश देने और उनकी मुरादें पूरी करने के बाद आराम करने को लेटते तो चेला पूर्बूमल उनकी दाहिनी टांग दबाता था और पच्छिमीचन्द बाएं टांग की टहल सेवा करता था।

दोनों अपने-अपने हिस्से की टांग की टहल सेवा करते। यानी मुट्ठी-चापी करते, तेल चुपड़ कर उसे चमकाते, झंडियाँ और घुंघरू बांधकर उसे सजाते, उसपर मक्खी भी न बैठने देते।

एक रोज़ करना परमात्मा का ऐसा हुआ कि गुरूजी एक करवट लेट गए और उनकी बाईं टांग दाहिनी टांग के ऊपर जा पड़ी। चेले पूर्बूमल को बड़ा गुस्सा आया। उसने फौरन एक डंडा उठाया और बाईं टांग के रसीद किया। गुरुजी ने बिलबिलाकर दाहिनी टांग ऊपर कर ली।

अब पच्छिमीचन्द की ग़ैरत ने जोश मारा। उसने अपनी लठिया उठाई और दाहिनी टांग की खूब सी मरम्मत की। गुरुजी बहुत चिल्लाए कि ज़ालिमो क्यों मारे डालते हो, हाए ! लेकिन चेले कब मानते थे। गुरुजी की टांगें सूज कर कुप्पा हो गईं। मुद्दतों हल्दी-चूना लगाते रहे।

कछुआ और ख़रगोश

एक था कछुआ, एक था ख़रगोश। दोनों ने आपस में दौड़ की शर्त लगाई। कोई कछुए से पूछे कि तूने शर्त क्यों लगाई ? क्या सोचकर लगाई ?

बहरहाल... तय यह हुआ कि दोनों में से जो नीम के टीले तक पहले पहुंचे उसे एख़ेतयार है कि हारनेवाले के कान काट ले।

दौड़ शुरू हुई तो कछुआ रह गया और ख़रगोश यह जा वह जा। मियां कछुवे वज़ादारी[1] की चाल चलते रहे। कुछ दूर चलकर ख़याल आया कि अब आराम करना चाहिए, बहुत चल लिए। आराम करते-करते नींद आ गयी।

न जाने कितना ज़माना सोते रहे। जब आँख खुली तो सुस्ती बाक़ी थी। बोले –

"अभी क्या जल्दी है... इस ख़रगोश के बच्चे की क्या औक़ात है कि मुझ-जैसे अज़ीम विरसे[2] के मालिक से शर्त जीत सके। वाह भई वाह, मेरे क्या कहने।"

---

1. परम्परागत 2. मीरास

काफ़ी ज़माना सुस्ता लिये तो फिर मंज़िल की तरफ़ चल पड़े। वहां पहुंचे तो ख़रगोश न था। बेहद ख़ुश हुए। अपनी मुस्तैदी की दाद देने लगे। इतने में उनकी नज़र ख़रगोश के एक पिल्ले पर पड़ी। उससे ख़रगोश के बारे में पूछने लगे।

ख़रगोश का बच्चा बोला – "जनाब ! वह मेरे वालिद साहब थे। वह तो पांच मिनट बाद ही यहां पहुंच गए थे और मुद्दतों आपका इन्तज़ार करने के बाद मर गए और वसीयत कर गए कि कछुए मियां यहां आ जाएं तो उनके कान काट लेना। लिहाज़ा लाइये इधर कान… ।"

कछुए ने फ़ौरन ही अपने कान और अपनी सिर खोल के अन्दर कर ली और आज तक छिपाए फिरता है।

प्यासा कौवा

एक प्यासे कौवे को एक जगह पानी का मटका पड़ा नज़र आया। बेहद ख़ुश हुआ। लेकिन यह देखकर मायूसी हुई कि पानी बहुत नीचे – सिर्फ़ मटके की तह में थोड़ा-सा है। अब सवाल यह था कि पानी को किस तरह ऊपर लाए और अपनी चोंच तर करे।

इत्तेफ़ाक़ से उसने हिकायाते-लुक़मान[1] पढ़ रखी थी। पास ही बहुत से कंकर पड़े थे, उसने एक-एक कंकर उसमें डालना शुरू किया। कंकर डालते-डालते सुबह से शाम हो गई। प्यासा तो था ही, निढाल हो गया।

मटके के अन्दर नज़र डाली तो क्या देखता है कि कंकर ही कंकर हैं, सारा पानी कंकरों ने पी लिया है। बेएख़तियार उसकी ज़बान से निकला – "हत् तेरे लुकमान की।"

फिर बेसुध होकर ज़मीन पर गिर गया और मर गया।

अगर वह कौवा कहीं से एक नलकी ले आता तो मटके के मुँह पर बैठा-बैठा पानी को चूस लेता। अपने दिल की मुराद पाता, हरगिज़ जान से न जाता।

---

1. लुकमान नामक प्रसिद्ध हकीम का बयान

इत्तेफ़ाक़[1] में बरकत है

एक बड़े मियां जिन्होंने अपनी ज़िन्दगी में बहुत कुछ कमाया था और बनाया था, आख़िर बीमार हुए। मरज़ुल्मौत[2] में गिरफ़्तार हुए। उनको और तो कुछ नहीं, कोई फ़िक्र थी तो यह कि उनके पांचों बेटों की आपस में नहीं बनती थी।

गाढ़ी क्या पतली भी नहीं छनती थी।

लड़ते रहते थे, किसी बात पर इत्तेफ़ाक़ न होता था। हालांकि इत्तेफ़ाक़ में बड़ी बरक़त है।

आख़िर उन्होंने बेटों पर इत्तेहाद[3] और इत्तेफ़ाक़ की ख़ूबियाँ वाज़ेह[4] करने के लिए एक तरकीब सोची।

उन सबको अपने पास बुलाया और कहा –

"देखो ! अब मैं कोई दम का मेहमान हूं,तुम सब जाकर एक-एक लकड़ी ले आओ।"

लड़कों ने मुत्तफ़ेक़ा[5] तौर पर यही फ़ैसला किया कि बापूजी आपे में नहीं हैं, बक रहे हैं – जुनून में क्या कुछ। लेकिन यह सोचकर कि बड़े मियां ने उम्रभर में एक ही तो ख़्वाहिश ज़ाहिर की है, वह सब एक-एक मज़बूत लकड़ी ले आए।

"इन पांचों लकड़ियों का गट्ठा बनाओ।"

बेटों में फिर चेमीगोइयां हुईं। लेकिन बहरहाल पांचों लकड़ियों को एक जगह बांध दिया गया।

बड़े मियां ने कहा, "अब इस गट्ठे को तोड़ो।"

हुक्मे-वालिद-मरगे-मफ़ाजात[6] । पहले एक ने कोशिश की। फ़िर दूसरे ने, फिर तीसरे ने, फिर चौथे ने, और फिर पांचवें ने भी ज़ोर आज़माई की। लेकिन लकड़ियों का बाल बांका न हुआ।

सबने यही कहा, "बापूजी हमसे नहीं टूटता लकड़ियों का यह गट्ठा।"

बाप ने कहा, "अच्छा अब इन लकड़ियों को अलग-अलग कर दो। यानी इनकी रस्सी खोल दो।" एक ने आगे बढ़कर गट्ठा खोल दिया और लकड़ियां

1. सहमति 2. मृत्युरोग 3. एकता 4. स्पष्ट 5. एकमत 6. आकस्मिक मृत्यु के वक़्त पिता की आज्ञा

अलाहिदा-अलाहिदा हो गयीं।

बाप बोला, "अब इन लकड़ियों को अलग-अलग तोड़ो।" लकड़ियाँ चूंकि मोटी-मोटी और मज़बूत थीं, इसलिए सबकी कोशिश के बावजूद नहीं टूट सकीं।

आख़िर में बड़े भाई की बारी आई। उसने एक लकड़ी उठाई और उसपर अपने घुटने का पूरा ज़ोर डाला··· । तड़ाक़ की आवाज़ हुई।

बाप ने नसीहत करने के लिए आंखें एकदम खोल दीं। क्या देखता है कि बेटा बेहोश पड़ा है, लकड़ी सलामत है ! वह आवाज़ बेटे के घुटने की हड्डी टूटने की थी।

एक लड़के ने कहा – "यह बुड्ढा बहुत ही जाहिल है।"

दूसरे ने कहा – "जाहिल है और ज़िद्दी भी।"

तीसंरा बोला – "खूसट, सनकी, अक़्ल से पैदल है।"

चौथा भी खामोश न रहा, बोला – "सारे बुड्ढे ऐसे ही होते हैं··· कम्बख़्त मरता भी तो नहीं।"

बुड्ढे ने इतमीनान का सांस लिया। सिर्फ़ यह सोचकर, कि बेटों में कम-अज़-कम एक बात पर तो इत्तेफ़ाक है। इसके बाद उसने आंखें बन्द कर लीं और निहायत सुकून से जान दे दी।

बयान जानवरों का

भैंस

यह बहुत मशहूर जानवर है। क़द में अक़्ल से थोड़ा बड़ा होता है। चौपायों में यह वाहिद जानवर है कि मौसीक़ी से ज़ौक़ रखता है। इसीलिए लोग इसके आगे बीन बजाते हैं। किसी और जानवर के आगे नहीं बजाते।

भैंस दूध देती है, लेकिन वह नाकाफ़ी होता है। बाक़ी दूध ग्वाला यानी दूधवाला देता है और दोनों के बाहमी[1] तआवुन[2] से हम शहरियों का काम चलता है। तआवुन अच्छी चीज़ है, लेकिन दूध को छान लेना चाहिए कि उसमें से मेंढ़क निकल जाएं।

भैंस का घी भी होता है। बाज़ार में हर जगह मिलता है। आलुओं, चरबी और विटामिन से भरपूर। लेकिन ज़्यादा तफ़सील में नहीं जाना चाहिए।

आजकल भैंस अण्डे नहीं देतीं। मिर्ज़ा ग़ालिब के ज़माने में दिया करती थीं।

हुकमा[3] पहले रौग़ने-गुल[4] भैंस के अण्डे से निकाला करते थे। कई अमराज़[5] के लिए मुफ़ीदतरीन[6] साबित होता है।

बकरी

बकरी भी दूध देती है। और अगर ज़्यादा मजबूर करें तो मेंगनियां भी दे डालती है।

जिन बकरियों को शोहरते-आम[1] और बकाए-दवाम[2] के दरबार में जगह मिली

---

1. परस्पर 2. सहयोग 3. हकीम लोग 4. फूलों का तेल 5. रोगों 6. अतिशय लाभदायक

1. लोकप्रियता 2. अमरत्व

है उनमें एक गांधीजी की बकरी थी। और दूसरी 'अख़फ़श' नामी बुज़ुर्ग की। रिवायत है कि वह बकरी नहीं बकरा था।

शायरी में औज़ान[3] और बहरों[4] की जो बिदअत[5] है, अख़फ़श साहब ही से मन्सूब[6] की जाती है। बैठे-बैठे फ़ाइलातुन-फ़ाइलात[7] किया करते थे। जहां शक हो तस्दीक़ के लिए बकरे से पूछ लेते थे कि क्यों हज़रत ठीक है ना ?

वह बकरा – अल्लाह उसे जन्नत में जगह दे – सर हिलाकर उनकी बात पर सांद[8] कर दिया करता था। कहते हैं कि उस बकरे की नस्ल बहुत फैली और सोते जागते उनके मुंह से 'यस सर', 'जी हुज़ुर', 'जी जनाब', 'बजा फरमाया' वग़ैरह निकलता रहता है। उन्हें बात सुनने और समझने की ज़रूरत नहीं होती।

जिन मुल्कों में बहुत इन्साफ़ हो उनमें शेर और बकरियां एक घाट पानी पीने लगती हैं, जिस तरह अल्लामा इक़बाल के एक शेर में महमूद और अयाज़ एक सफ़ में खड़े हो जाते हैं। इसमें फ़ायदा यह है कि शेर पानी पीने के बाद वहीं बकरी को दबोच लेता है। उसे नाश्ते के लिए ज़्यादा दूर नहीं जाना पड़ता।

ऊंट

ऊंट भी एक जानवर है। अकबर इलाहाबादी ने उसे मुसलमान से तशबीह[1] दी है, क्योंकि मुसलमान की तरह उसकी भी कोई कल सीधी नहीं होती। और मुसलमान की तरह यह भी सहरा[2] का जानवर है। बहुत दिन तक बे खाए-पिये ज़िन्दा रहता है। जिस तरह हर मुसलमान की पीठ पर अज़मते-रफ़्ता[3] का कोहान[4] होता है, इसकी पीठ पर भी होता है।

ऊंट को डाची भी कहते हैं। 'डाची वालिया मोड़ महार दे'। लेकिन रेहड़वालों ने आजकल उसको पहिये लगाकर एक्सप्रेस बना दिया है। अरबी में इसको 'नाक़ा' कहते हैं। हज़रते क़ैस की लैला ही नहीं, उस ज़माने की सभी औरतें नाक़े पर ही सवार हुआ करती थीं। बाद में शायरों, सूरतगरों और अफ़सानानवीसों के आसाब[5] पर सवार होने लगीं। क्योंकि उसमें हिचकोले कम लगते हैं, आराम ज़्यादा मिलता है।

---

3. वज़न, लयताल 4. छन्द 5. जोड़ 6. सम्बद्ध 7. फ़ारसी छन्द 8. स्वीकृति

1. उपमा 2. रेगिस्तान 3. श्रेष्ठचाल 4. गूमड़ 5. पठ्ठे

आदमी

दूध देनेवाले जानवरों में पालने के लिए सबसे अच्छा यही है। ये नौकरी करता है, दुकान करता है, तनख़्वाह लाता है, बच्चे खेलाता है। उन्हें पीठ पर बिठाता है। अजीब शक्लें बना-बनाकर हंसाता है, बहलाता है।

अपनी मादा की ख़िदमत में जितनी दौड़धूप यह करता है, कोई और जानवर नहीं करता। इसीलिए तो इसके सींग ग़ायब हो गए हैं, खुर घिस गए हैं, और दुम झड़ गई है।

इस जानवर का पालना और सिधाना सबसे आसान है। इसे तोते की तरह बोलना भी सिखा सकते हैं। एक आसानी यह भी है कि घर में इसके लिए अलग थान या पिंजरा बनाने या ज़ंजीर डालने की ज़रूरत नहीं होती। जिस कमरे में चाहे सुला दो, भागता नहीं।

सवालात

1. तुम अपना शुमार पालतुओं में करना पसन्द करोगे या जानवरों में ?
2. ऊंट को मसलमानों से तशबीह क्यों देते हैं ?

शेर

शेर आए, शेर आए, दौड़ना !
आजकल हर तरफ़ शेर घूम रहे हैं।
दहाड़ रहे हैं।
"यह शेरे बंगाल है।"
"यह शेरे सरहद है।"
"यह शेरे पंजाब है।"

लोग भेड़ें बने अपने बाड़ों में दबके हुए हैं।
बाबा हफ़ीज़ जालंधरी[1] का शेर पढ़ रहे हैं।

1. प्रसिद्ध शायर

"शेरों को आज़ादी है
आज़ादी के पाबन्द रहें
जिसको चाहें चीरे-फाड़ें
खाएं-पिएं आनन्द रहें।"
शेर या तो जंगल में होते हैं,
या चिड़ियाघर में।
यह मुल्क या तो जंगल है
या चिड़ियाघर है
या फिर क़ालीन होगा।
क्योंकि एक क़िस्म शेर की 'शेरे-क़ालीन' भी है।
या फिर काग़ज़ होगा।
क्योंकि एक शेर 'काग़ज़ी शेर' भी होता है।
या फिर ये जानवर कुछ और हैं।
आगा शेर का, पीछा भेड़ का।
हमारे मुल्क में यह जानवर आम पाया जाता है।
शेर जंगल का बादशाह है।
लेकिन बादशाहों का ज़माना नहीं रहा।
इसलिए शेरों का जमाना भी न रहा।
आजकल शेर और बकरियां एक घाट पानी नहीं पीते।
बकरियां सींगों से खदेड़ भगाती हैं।
लोग-बाग उनकी दुम में नमदा बांधते हैं।

शिकारी शेरों को मार लाते हैं।
उनके सर दीवारों पर सजाते हैं।
उनकी ख़ाल फ़र्श पर बिछाते हैं।
उनपर जूतों समेत दनदनाते हैं।

मेरे शेर ! तुझपर भी रहमत खुदा की
तू भी वाज़[2] मत कह।
अपनी खाल में रह।

2. प्रवचन

गिर्दो-पेश (आसपास) की खबरें

प्रभातगीत

इल्म बड़ी दौलत है

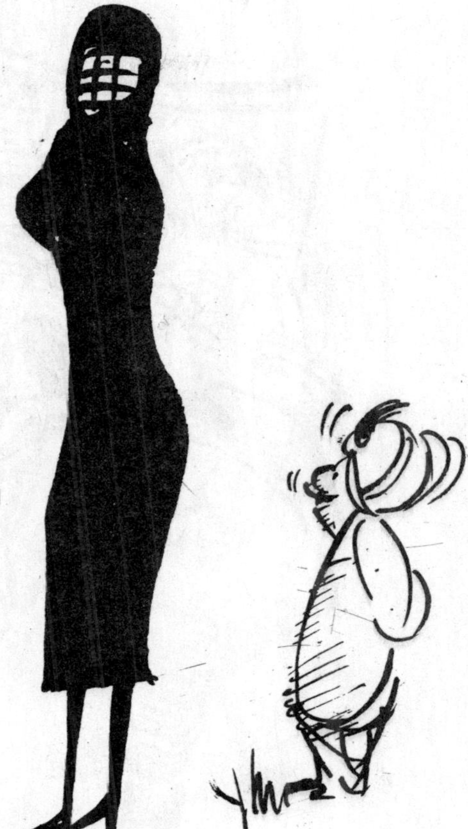

इल्म बड़ी दौलत है।
तू भी स्कूल खोल।
इल्म पढ़ा।
फ़ीस लगा।
दौलत कमा।
फ़ीस ही फ़ीस।
पढ़ाई के बीस।
बस के तीस।
यूनिफ़ार्म के चालीस।
खेलों के अलग।
वे पेरायटी प्रोग्राम के अलग।
पिकनिक के अलग।

लोगों के चीख़ने पर न जा।
दौलत कमा।
उससे और स्कूल खोल।
उनसे और दौलत कमा।
कमाए जा, कमाए जा।
अभी तो तू जवान है।
यह सिलसिला जारी रहे।
जबतक गंगा-जमना है।

पढ़ाई बड़ी अच्छी है।
पढ़।
बहीखाता पढ़।
टेलीफोन डाइरेक्ट्री पढ़।
बैंक-असिस्मेंट पढ़।
ज़रूरते-रिश्ता के इश्तेहार[1] पढ़।
और कुछ मत पढ़।

मीर और ग़ालिब मत पढ़।
इक़बाल और फ़ैज़ मत पढ़।
इब्ने इंशा को भी मत पढ़।
वरना तेरा बेड़ा पार न होगा।
और हममें से कोई
नताएज का ज़िम्मेदार न होगा।

अख़बार

यह कौन-सा अख़बार है?
यह रोज़नामा 'बाग़ो बहार' है।
इसकी क्या बात है?
मजमूअए मालूमात है।
यह लोगों को सीधी राह भी बताता है।
ताक़त की अकसीरी दवाएँ भी बिकवाता है।
इसमें फ़िल्मी सफ़हा भी होता है।
इसमें इस्लामी सफ़हा भी होता है।
ग़ाज़ियों की तकबीरें भी होती हैं।

1. वैवाहिक विज्ञापन

हसीनों की तस्वीरें भी होती हैं।
दुनिया भी चुस्त रहती है।
आक़ेबत भी दुरूस्त रहती है।
अख़बार के बड़े फ़ायदे हैं।
अख़बार न हो तो क़ौम की रहनुमाई कैसे हो ?"
ऐक्ट्रेसों की रूनुमाई कैसे हो ?
लीडर अपनी हवा किसमें बाँधे ?
हकीम क़ब्ज़ की दवा किसमें बाँधे ?
पंसारी मिरचों का पुड़ा किसमें बाँधे ?

यह अख़बार वाला बड़ा निडर है।
बातिल[1] से नहीं डरता।
लोगों से नहीं डरता।
कभी कभी ख़ुदा से नहीं डरता।
बस सरकार से डरता है।
बड़ा अच्छा करता है।

जबतक खुशनूदिये-सरकार[2] है, अख़बार है।
रोज़गार है, कोठी और कार है।
पुराने लोग ऐसा नहीं करते।
पुराने लोग भूखे भी तो मरते थे।

फिर भी मियाँ अख़बार वाले।
अख़बार काला कर।
अपना किरदार काला मत कर।
सिर्फ़ अख़बार बेच – ईमान मत बेच।

झूठ 2. सरकार की ख़ुशनूदी

बैंगन और मूली वग़ैरह

यह क्या है ?
यह बैंगन है।
यह कौन-सा बैंगन है ?
यह थाली का बैंगन है।
लुढ़कता रहता है।
तभी तो हर मौसम में तरोताज़ा रहता है।

यह क्या है ?
यह मूली है।
यह किस खेत की मूली है ?
यह हर खेत की मूली है।
कभी इस खेत में।
कभी उस खेत में।

यह क्या है ?
यह पालक है।
यह कैसी पालक है ?
यह पहले माली की ले-पालक है ?
फिर··· ?
यह पहले माली को गाली क्यों देती है ?
फ़ितरत से मजबूर है।
यूँ भी आजकल
गाली का दस्तूर है।

यह बैंगन अच्छे नहीं।
यह मूली अच्छी नहीं।
यह पालक अच्छी नहीं।

सब्ज़ी का ख़्याल छोड़।
विटामिन से मुँह मोड़।
मसूर की दाल खा।
अपने मुँह पर न जा।

सवालात

1. यह बैंगन किसने बोये थे ? मूली किसने उगाई थी ? नाम बताओ, डरो नहीं।
2. सब्ज़ी यहाँ क्यों उगाई जाती है ? विटामिन बाहर से क्यों मंगाई जाती है ?

कपड़े वाले के यहाँ

आ हा हा हा····· कपड़े की दूकान है। कैसी सजी है। ऊपर से नीचे तक, थान ही थान हैं।

दूकानदार किसी बीबी को साड़ी पहनकर दिखा रहा है और मूँछें मटका रहा है। और जता रहा है कि बीबीजी ! यह साड़ी कोतल की है, दो सौ रुपये में मुफ़्त है।

"आइये बाबूजी ! क्या लीजियेगा ? नैनसुख दूं ?"

"ना मियां दूकानदार ! हम आंखों से अंधा थोड़ा ही हैं।"

"दिल की प्यास ? शमोज ? शेफ़ून ? जारजट ?"

"नहीं मियां नहीं, हमारा हाल पतला है। गाढ़े के सिवा कुछ नहीं पहन सकते।"

"मियां दूकानदार कपड़े के भाव क्यों बढ़ा दिये हैं ?"

"हज़ूर ···· आपका मेयार-ज़िन्दगी बलन्द कर रहा हूँ।"

"गाहकों के कपड़े क्यों उतारते हो ?"

"हज़ूर ! उनके कपड़े न उतारूँ तो कपडों के नये-नये मिल कहाँ से खड़े करूँ ? क़ौम की ख़िदमत कैसे करूँ ?"

कपड़ों मे कपड़ा लंगोटी
चाहे पहिनिये
चाहे फाग खोलिये

न दामन का टंटा कि कोई पकड़ सके, न गरीबान का खटका कि कोई चाक कर सके।

सवालात

1. ग़ालिब़ के ज़माने में आशिक़ के गिरेबान में चार गिरह कपड़ा लगता था, अब कितना लगता है ?
2. 'तन की उरयानी से बेहतर नहीं दुनिया में लिबास' – यह लिबास ग़रीबों और अमीरों में यकसां क्यों मक़बूल है ?

जूते वाले के यहाँ

''मियां जूते वाले, तुमने दूकान तो ख़ूब सजाई है।''

''जी हाँ ! आजकल हमारी भी बन आई है, अच्छी कमाई है।''

''भला यह जूता किस भाव का है ?''

''जी यह बे भाव का है।··· दूँ ?''

''हाँ दे दो, एक जोड़ा दस नम्बर का।''

''लेकिन आपके तो नौ नम्बर आयेगा··· दस नम्बर तो मेरा है।''

''हां··· तुम्हारी बातों से तो यही पता चलता है··· नौ नम्बर ही दे दो।''

''दाल भी चाहिए ?''

''वह काहे को ?''

''आजकल उसकी बड़ी मांग है। जो जूते ले जाता है, दाल भी ले जाता है। सुना है लोग आपस में बाँटते हैं।''

''भई पहली तारीख़ के बाद लेंगे।''

''पहली तारीख़ के बाद ?''

''जी ! ''

''जनाब पहली के बाद जूता मिलेगा, न दाल मिलेगी, आर्डर हो चुके हैं।''

सवालात

1. क़ौमी खिदमत करने वाले आपस में दाल बाँटने के लिए रिकाबियाँ क्यों नहीं इस्तेमाल करते ?
2. अगर तुम्हें कोई जूता दे तो क्या करोगे ?
3. जूता खाने की चीज़ है या पहनने की ?

खाने की चीज़ें

"बाबूजी ! परमिट दो।"
"बाबूजी ! पैसा दो।"
"बाबूजी ! ठीका दो।"
"बाबूजी ! डाली दो।"
"बाबूजी ! नौकरी दो।"

"बाबाजी ! सिफ़ारिश ला।"

"बाबूजी ! अब ऐसा मत बोलो, आँखें खोलो।
पब्लिक से डरो, ख़ुदा का ख़ौफ़ करो।
जो पैसा खाएगा, डंडा खाएगा।"
"अण्डा खाना चाहिए।"
"डंडा नहीं खाना चाहिए।"

मक्खन

"मक्खन कहाँ है ?"
"मक्खन ख़त्म, ख़लास।"
"सारा खा लिया ?"

"नहीं... सारा लगा दिया। यह खाने की चीज़ थोड़े ही है। लगाने की है। जिसको लगाओ फिसल पड़ता है।"

"जो फिसलेगा उसकी टाँग टूटेगी।"

"यह सोचना उसका काम है, हमारा काम तो लगाना है।"

सवालात

1. क्या तुमने कभी किसी को मक्खन लगाया है? अगर नहीं, तो हमें लगाओ।